Sächsische Küche

Sächsische Küche

Rezeptsammlung aus Großmutters Küche

6. Auflage

Spezialitäten aus Sachsen.
Qualität aus Tradition.

Fachbuchverlag Leipzig
im Carl Hanser Verlag

ISBN 978-3-446-43248-2

Fachbuchverlag Leipzig im Carl Hanser Verlag
Vilshofener Straße 10 | 81679 München | info@hanser.de

2012, 2002/1999/1997/1994, 1994, 1993, 1992, 1992
Illustrationen und Vignetten: Achim Jordan und Karl-Heinz Guckuk,
Leipzig Bearbeitung und einführende Gedichte: Angelika Weiß, Leipzig
Buchgestaltung: Lothar Gabler, Leipzig
Lektorat: Jochen Horn
Herstellung: Katrin Wulst
Coverrealisierung: Stephan Rönigk
Druck und Binden: CPI books GmbH, Leck
Printed in Germany

Vorwort zur 6. Auflage

Dieses Buch ist der Vorreiter aller seit dem Wiederentstehen des Freistaates Sachsen publizierten sächsischen Kochbücher. Zum ersten Mal im Jahr 1992 veröffentlicht, ist es nicht das Werk eines Einzelnen, sondern beinhaltet eine Sammlung sächsischer Gerichte von Profi- und Hobbyköchen, die aus ihrer Schatzkiste bewährter Rezepte die besten aussuchten und – einem Aufruf der Gattin des damaligen sächsischen Ministerpräsidenten, Frau *Ingrid Biedenkopf*, folgend – einsandten. Die Einsender, deren Rezepte Aufnahme in dieses Buch fanden, sind auf den Seiten 206 bis 208 des Buches genannt. Bedingung war, dass die Rezepte mit einheimischen Zutaten aus regionaler Herstellung nachkochbar sein sollten.
Aus unzähligen Einsendungen entstand in liebevoller Kleinarbeit und komplettiert mit humorvollen Zeichnungen (*Karl-Heinz Guckuk, Achim Jordan*) sowie Gedichten in sächsischer Mundart (*Angelika Weiß*) ein Buch traditioneller sächsischer Kochrezepte, ergänzt mit Tipps für eine gesundheitsfördernde Vollwertkost (*Annemarie Schmidt*).
Dieses Werk zur sächsischen Kochtradition liegt jetzt in der 6. Auflage vor und ist inzwischen aus vielen sächsischen Haushalten nicht mehr wegzudenken. Wir wünschen uns, dass es auch weiterhin und für die nächste Generation ein ständiger Begleiter sein wird und auf so manchem Geschenketisch für junge Leute landet!
Nicht zuletzt sollte erwähnt werden, dass ein erheblicher Teil der Einnahmen aus dem Verkauf der ersten fünf Auflagen dieses Buches der „Gesellschaft zur Förderung des Wiederaufbaus der Frauenkirche Dresden e. V.“ gespendet wurde.

Bearbeiterin und Verlag

Vorwort zur 5., erweiterten Auflage

Seit die „Sächsische Küche“ 1992 veröffentlicht wurde, liegt das Kochbuch wegen der großen Nachfrage bereits in 5. Auflage vor. Das rege Interesse zeigt, wie lebendig die sächsische Küche ist und daß sie über die Grenzen des Freistaates Sachsen hinaus viele Freunde hat. Das Kochbuch hat an dieser erfreulichen Situation sicher seinen Anteil. Es ist für viele ein wichtiges und liebgewordenes Nachschlagewerk. Darüber hinaus repräsentiert und dokumentiert es ein Stück sächsischer Kultur und trägt dazu bei, das Bewußtsein über die weit zurückreichende Koch- und Backkultur in Sachsen als Teil der sächsischen Identität zu stärken.
Die zahlreichen zustimmenden Reaktionen und Kommentare von Leserinnen und Lesern zeugen aber auch davon, daß die landwirtschaftlichen und gärtnerischen Erzeugnisse aus Sachsen reichhaltig, wohlschmeckend und von hoher Qualität sind.
Beim Nachkochen der Originalrezepte fand ich, daß die eine oder andere Zutat zu einer weiteren Geschmacksverbesserung führen kann. Wenn Sie wollen, können Sie meine Tips befolgen.
Frau *Annemarie Schmidt,* Ernährungsberaterin, hat noch etwas anderes ausprobiert: Sie hat verschiedene Zutaten ausgetauscht gegen solche, die man in einer gesundheitsfördernden Vollwertkost einsetzt. Dies ist sicher auch im Sinne unserer Großmütter, die das Essen bereits vollwertiger zubereiteten als wir heute. Sie kannten keine industriell aufbereiteten Lebensmittel und verwendeten alle Rohstoffe unverfälscht und in ihrem vollen Wert. Darauf sollten wir uns heute in einer Zeit mit ernährungsbedingten Zivilisationskrankheiten stärker besinnen.
Wer also an diesen Ratschlägen interessiert ist, findet im letzten Abschnitt der Rezepte neben einer Einführung in das Thema auch einige praktische Beispiele und sieht, auf welche Lebensmittel es bei dieser Ernährungsform ankommt.
Den Leserinnen und Lesern der „Sächsischen Küche“ wünsche ich auch weiterhin viel Spaß beim Kochen und manche frohe Stunde im Sinne echt sächsischer Gemütlichkeit in der Familie oder mit Freunden bei köstlicher „Sächsischer Küche“.

Ingrid Biedenkapf

Inhaltsverzeichnis

Schon immer mr im Saggsnland
ne ganz besondre Giche fand.
Nu wolln mir nich laudhals begunden,
daß mr hamm alles selbsd erfundn,
was gommd in Saggsn offn Disch.
Erfinder warn da sicherlich
ooch Dieringer (Thüringer) un andre Leide.
De Fraache is: Was gommdn heide
un was gam denn in friehren Zeidn
in Dobb un Maachng bei dn Leidn.

Nu dachde mr in Dräsdn sich:
„Das wäre fäddsich sicherlich,
wenn mr dädn de Leide fraachng,
wie se gegochd in alldn Daachng,
wie se im Saggsnlande hier
gegässn hamm midd viel Bläsier,
dr Oma in dn Dobb geguggd
un uffgeschriem, was se geschluggd."

Weil Saggsn nu sin wärglich hälle,
ham se geschriem uns of dr Schdälle
un ham nich lange rumgemährd –
schnell uffnodierd, was se verzährd.

Es lohnd sich schon, das uffzuschreim –
da soll doch ooch was hängenbleim
in jingern Saggsngäbbschn (in jüngeren Sachsenköpfchen) drin.
Damidd uns schdehe unser Sinn
nich nur nach Bomm Fridds un nach Worschd
un änner Gohla gääschn Dorschd,
sondern, daß Saggsn säggsisch ässn –
de Dradidsschon (Tradition) nich ganz vergässn:

Da gab's de Frässchn an däm Hofe,
wo Augusdn im scheensdn Schwofe
so Schnärbliches servierd schdehds grischde –
was glei de Diensdmaachd sich rausfischde
un dad in ihr Gochbiechlein schreim.
So gonnd's bis heid begannd ooch bleim.

Das Vollg – das war de andre Seide,
das ging dorch Augusdn bald bleide.
De Saggsn haddn nischd zu lachng
un mussdn sich „aus Nischd was machng“.
So wurde aus dr Nood endäggd,
was heid uns ganz besondersch schmäggd.

Un außerdäm ooch manch’ Rezäbbd
hamm „Meßfremde“ hierher geschläbbd,
die jährlich eil’n midd figgser Sohle
in unsre Messemedrobohle,
wo mr nich nur de Waren dauschde,
sondern fiffsch off de Gässde lauschde.
So war Mansches dorheem hier schnell,
was hergahm von ausländschm Gwell -
von färnen Gisdn oder Bärchn. -
Nu dudmors säggssch zesammenwärchn!

Sogar de Gäche (Köche) im Hodell
mährn off de Schbeisegarde schnell,
was hier in diesem Buch schdehd drin.
Dun sich off Säggssches nu besinn!

Damidd nu Gwarggeilchn (Quarkkäulchen) un Bradn
bei Ihn’ dorheeme gud geradn,
vorradn Goch un Bärscher (Bürger) figgs
däm Leser glei de wischdschn Driggs …

Vorspeisen, Salate, Brotaufstriche

Am Anfang gehd's glei greiz un gwär –
sogar de Rässder halldn här,
um Sallade zusamm'zumiggsn.
Fassd jede Hausfrau dud so driggsn,
wenn se nich viel im Hause hadd.
So grischd se alle leischde sadd!
Nadierlich gibd's ooch feine Sachng,
die groose Gochginsdler selbsd machng:
Vom Bässdn muß de Zudahd sinn,
dann grieschmr ganz Schnugglisches hin!

Salat nach Art der Hammerschmiedmamsell

Heringshäckerle mit Apfel

4 bis 6 Salzheringe (je nach Größe), 2 mittelgroße Zwiebeln, etwa 300 g Gewürzgurke, 1 Apfel, etwas Kondensmilch

Die Salzheringe wässern, säubern, entgräten und kleinschneiden.
Zwiebeln, Gewürzgurke und Apfel kleinwiegen und zum Hering geben. Anschließend die Kondensmilch hinzufügen und alles gut vermischen. Statt Kondensmilch kann man auch Mayonnaise oder joghurtähnliche Produkte verwenden.
Heringshäckerle können zu Brot oder zu Pellkartoffeln gegessen werden. *(41, 18)*

Heringshäckerle

800 g Salzheringe, 100 g Zwiebeln, 100 g Speck, 100 g Gewürzgurken

Salzheringe entgräten, säubern und 24 h wässern. Danach in Würfel schneiden.
Zwiebeln, Speck und Gewürzgurken in Streifen schneiden und vorsichtig unter den Hering heben.
Den Hering 24 h ziehen lassen. *(64)*

Sauerkrautsalat mit Schweinskopf, sauren Heringen und vielerlei Zutaten (nach Art der Hammerschmiedmamsell)

500 g Sauerkraut, 750 g Schweinskopf, 2 Gewürzgurken, 2 Eier, 2 Zwiebeln, 100 g Delikateßhering, 1/2 Flasche Joghurt, Salz, Pfeffer, Kümmel, Zucker, Edelsüßpaprika, Petersilie oder Dill

Das Sauerkraut kurzschneiden und mit zwei Gabeln auflockern. Das wie üblich gekochte, ausgekühlte Fleisch von den Knochen befreien und genau wie die Gewürzgurken, die gekochten Eier und die Delikateßheringe in kleine Würfel oder Streifchen schneiden, die Zwiebel in kleine Würfel. Alle Zutaten gut mischen, mit Joghurt, der mit reichlich Edelsüßpaprika und gehackter Petersilie verrührt wurde, binden, mit den angegebenen Gewürzen (Kümmel hacken) abschmecken und kühlgestellt durchziehen lassen. *(1, 87b)*

Erzgebirgischer Sülzwurstsalat

4 Eier, 300 g Sülzfleischwurst, 4 Zwiebeln, 1 Röhrchen Kapern, 3 Eßl. Öl, 1 Eßl. Essig, 1 Eßl. Senf, 1 Teel. Anchovispaste, 1 Bund Petersilie oder Schnittlauch, Salz, Pfeffer, Knoblauchzwiebeln

Feine Ringe oder dünne Scheiben von Zwiebeln in einer entsprechend großen Salatschüssel zunächst leicht salzen und mit Pfeffer überstäuben. Dann Essig und Öl, den Senf sowie etwas geriebene Knoblauchzwiebel oder auch Knoblauchsalz an die Zwiebelmarinade geben. Die Sülzfleischwurst in kleine dünne Blättchen - etwa 2 cm x 2 cm - schneiden und zu diesem Ansatz geben. Dazu noch die Kapern, gehackten Schnittlauch oder Petersilie und etwas Anchovispaste mischen. Die Eier hartkochen, mit dem „Eierachtler" in Achtel teilen oder auch in Scheiben schneiden und zum Schluß unter den vorbereiteten würzigen Salat mischen. Gut durchziehen lassen und als Beilage in wenig Schmalz oder ausgelassenem Geflügelfett gebratene Schwarzbrotscheiben reichen, die mit einem Hauch frischem Knoblauch bestrichen werden (für diejenigen, die Knoblauchbrot mögen!). *(1)*

Kartoffelsalat mit Mayonnaise

1 kg gekochte Kartoffeln, 1 große Zwiebel (etwa 100 g), 2 große Äpfel (etwa 200 g), 2 Tomaten (etwa 100 g), 4 selbsteingeweckte Gewürzgurken (etwa 400 g), 1 Teel. Salz, 1/2 Teel. Pfeffer, 1/2 Teel. Weinessig, 1 Eßl. Petersilie, Mayonnaise (s. unter „Marinaden und Eingelegtes")

Alle Zutaten in herkömmlicher Weise zerkleinern (schneiden oder hobeln). Gewürze zugeben, alles locker mit dem Rührlöffel vermischen. Dann die Mayonnaise herstellen (s. unter „Marinaden und Eingelegtes"), über den Salat geben und unterheben. Zuletzt den Eßlöffel kleingehackte Petersilie verrühren. Nochmals abschmecken.
Dazu passen: sächsische Bockwürste, Schnitzel oder Pfeffersteak. *(12)*

Deftiger Kartoffelsalat

750 g Kartoffeln, 500 g Äpfel, 300 g Spreewälder Gewürzgurken, etwas Gurkenbrühe, 100 g Mayonnaise, etwas Kondensmilch, Pfeffer, Salz, Zucker, Weinessig, 1 große Zwiebel

Die Kartoffeln mit Schale kochen, nach Erkalten abpellen und in kleine Scheiben schneiden. Die Äpfel und die Gurken ebenfalls kleinschneiden und zu den Kartoffeln geben. Anschließend die Zwiebel fein wiegen und hinzugeben.
Nun alles herzhaft mit Pfeffer, Salz, Zucker und Weinessig abschmecken.

Die Mayonnaise mit Kondensmilch und Gurkenbrühe sehr geschmeidig rühren und anschließend an den Salat geben.
Am besten schmeckt dieser Kartoffelsalat, wenn er einige Stunden im Kühlschrank durchgezogen ist.
Zum Salat können sächsische Bockwurst, 1 Paar Wiener oder je Portion zwei Spiegeleier gereicht werden. Das Ganze hübsch mit etwas Tomate, grüner Gurke und Petersilie garnieren! *(41)*

Gurken-Tomaten-Kartoffelsalat

750 g Kartoffeln, 500 g Tomaten, 1 große Salatgurke, 1 mittelgroße Zwiebel, Pfeffer, Salz, Zucker, Weinessig, je nach Geschmack etwas Speiseöl, Petersilie

Pellkartoffeln schälen und in kleine Scheiben schneiden. Nun in eine extra Schüssel die geschälte Salatgurke hobeln und stehenlassen.
Die Tomaten in kleine Scheiben schneiden, zu den Kartoffeln geben und die kleingeschnittene Zwiebel hinzufügen.
Bevor die gehobelte Gurke untergemischt wird, erst das angesammelte Gurkenwasser weggießen. Zuletzt den Salat herzhaft mit Pfeffer, Salz, Zucker und Weinessig abschmecken. Wer mag, kann auch etwas Speiseöl hinzugeben.
Nun muß der Salat ungefähr eine Stunde im Kühlschrank ziehen. Vor dem Auftragen Petersilie kleinwiegen und unter den Salat mischen. *(41)*

Kartoffelsalat ohne Mayonnaise

8 Kartoffeln (500 g), 1 Apfel (100 g), 1 saure Gurke (100 g), 1/3 grüne Gurke (100 g), 3 Tomaten (150 g), 1 Möhre (50 g), 5 Radieschen, 1 Zwiebel, 2 hartgekochte Eier, 1 bis 2 Eßl. Senf, Salz, Pfeffer, 50 g Speck

Kartoffeln bereits am Vortag kochen und pellen. Alle Zutaten in kleine Würfel schneiden, die Möhre reiben und das Ganze mit Senf, Salz und Pfeffer mischen. Den in Würfel geschnittenen Speck in der Pfanne auslassen und unter den Salat heben. *(58)*

Wie Salat einem Appetit zum Essen macht, also macht die Ruhe Lust zur Arbeit.

Pfund-zu-Pfund-Salat

Pfund-zu-Pfund-Salat

1 Pfund Pellkartoffeln, 1 Pfund rote Rüben, 1 Pfund Äpfel, 1 Pfund Salzheringe, Zwiebeln, Öl, 3 Eßl. Senf, Pfeffer, Salz, Zucker, 8 bis 16 Walnüsse

Dieses Rezept stammt aus einer „ursächsischen" Familie, in der der „Pfund-zu-Pfund-Salat" seit über 100 Jahren zubereitet wird. Man aß den Salat nur zur Weihnachtszeit - wahrscheinlich, weil nach all den süßen Dingen solch eine herzhafte Speise besonders gut schmeckt.
Für den großen Familienkreis wurden die Zutaten reichlich bemessen, deshalb sollte bei der Zubereitung für 4 Personen die Menge der Zutaten halbiert werden.
Alle Zutaten in Würfel schneiden (die Walnüsse grobhacken), Öl und Gewürze zugeben, mischen und den Salat ein bis zwei Tage durchziehen lassen. Außer Öl sollte keine andere Flüssigkeit verwendet werden - die Feuchtigkeit liefern die Zutaten selbst. *(38)*

Bunter Nudelsalat

500 g Teigwaren (möglichst Spirelli), 250 g Salami oder Lyoner bzw. Fleischwurst, 250 g Edamer Käse, 1 kleine Dose Erbsen, 1/2 kleine Dose Möhren, 1/2 kleine Dose geschnittene Champignons (jeweils abgetropft), 250 ml Tomatenketchup

Dieser Salat unterscheidet sich von dem herkömmlich bekannten Nudelsalat dadurch, daß er keine Mayonnaise enthält.
Die Teigwaren nach Vorschrift kochen und abkühlen lassen. Wurst kleinschneiden, mit wenig Fett in einer Pfanne anbraten und ohne Bratfett ebenfalls abkühlen lassen. In der Zwischenzeit den Käse kleinschneiden und mit anderen Zutaten mischen. Teigwaren und Wurst dazugeben und das Ganze mit etwas Salz, Pfeffer, Curry und Knoblauchsalz abschmecken. Es ist empfehlenswert, wenn der Salat dann noch ein bis zwei Stunden durchzieht. *(46)*

Eiersalat

10 Eier, 200 g Mayonnaise, etwas Kondensmilch, 1 Messerspitze Meerrettichsenf, Pfeffer, Salz, Zucker

Die Eier sehr hart kochen, kalt abschrecken und schälen, danach mit Hilfe eines Eierschneiders einmal längs und einmal quer in kleine Stücke schneiden und mit Pfeffer, Salz und ein wenig Zucker abschmecken; die Messerspitze Senf hinzufügen. Zum Abschluß die mit etwas Kondensmilch verrührte Mayonnaise zugeben. Alles gut vermischen und mindestens eine Stunde im Kühlschrank durchziehen lassen. Dieser Eiersalat schmeckt gut als Brotbelag. Man kann auch ausgehöhlte Tomaten oder kleine Gurkenkörbchen damit füllen. Pikant schmeckt es auch, wenn man z. B. aus Putenwurst oder gekochtem Schinken kleine Tütchen formt und diese mit Eiersalat füllt. *(41)*

Bunter Gemüsesalat

1 Kopfsalat oder 1/2 Eissalat, 300 g Tomaten, 1 gelbe oder orange Paprikafrucht, 1 mittelgroße grüne Gurke, 1 mittelgroße Zwiebel, 1 Eßl. Kräuteressig, 2 Eßl. gutes Tafelöl, 1/8 l saure Sahne, Dillspitzen, Salz, Pfeffer, Zucker

Salat zerlegen (Herzchen ganz lassen) und sauber waschen, trockenschleudern, Tomaten waschen, achteln und dabei den Stengeleinsatz entfernen. Paprika reinigen, entkernen, in Spalten und Streifen schneiden. Die grüne Gurke, wenn notwendig, schälen, in Scheiben schneiden (nicht hobeln). Zwiebel schälen und in Ringe schneiden.

Nun die Schüssel mit der Hälfte zerzupfter Salatblätter auslegen, anschließend die Tomatenstücke darangeben. Diese Lage mit Salz, Pfeffer und einer Prise Zucker bestreuen. Zwiebelringe und Paprikastreifen auflegen. Wieder mit Salz, Pfeffer und einer Prise Zucker würzen. Öl und Kräuteressig vermischen und über das Gemüse träufeln. Anschließend die Gurkenscheiben darauf verteilen und nochmals die Lage mit Salz, Pfeffer und Zucker bestreuen. Nun die restlichen Salatblätter fein zerzupft auf die Gurkenschicht geben. Die Dillspitzen mit der sauren Sahne vermischen und über die Salatblätter gießen. Der Salat darf nicht gemischt werden und sollte eine Stunde durchziehen. Beim Servieren kann man mit dem Salatherzchen und einigen Tomatenstückchen farbenfroh garnieren. *(32)*

Kohlrabirohkost

400 g Kohlrabi, 1 Bund Radieschen, 1 Teel. saure Sahne, Salz, Pfeffer, Zitronensaft

Den gewaschenen, geschälten Kohlrabi hobeln. Die Radieschen putzen, waschen, in dünne Scheiben schneiden. Beides mischen, salzen, mit etwas frischgemahlenem Pfeffer würzen und mit Zitronensaft abschmecken, Sahne unterlegen. *(35)*

Tomatensalat

500 g Tomaten, 1/8 l milder Joghurt, Salz, Cayennepfeffer, Zitronensaft, 1/2 Bund Schnittlauch

Tomaten in Scheiben schneiden, auf 4 Tellern anrichten. Den Joghurt mit etwas Zitronensaft, Salz und Cayennepfeffer glattrühren, über die Tomatenscheiben verteilen. Den Schnittlauch fein schneiden und darüberziehen. *(35)*

Apfel-Rotkohl-Salat

300 g Rotkohl, 3 Äpfel, 1/2 Glas Rotwein, 1 Eßl. Zitronensaft, 1 Knoblauchzehe, Salz, Pfeffer, frisch gemahlener Kümmel, 2 Eßl. Öl
Tip: 1 Prise Zucker

Rotkohl waschen und feinhobeln. Die Äpfel waschen und ebenfalls feinhobeln, mit dem Zitronensaft vermischen und unter den Rotkohl heben. Knoblauch zerstoßen, mit Salz, Pfeffer, Kümmel, Öl und Wein vermischen, über den Salat gießen. Den Salat an einem kühlen Ort gut durchziehen lassen. *(35)*

Möhrensalat von gekochten Möhren

500 g Möhren, 2 Zwiebeln, Salz, Essig, Zimt
Tip: 1 Prise Zucker

Möhren putzen und im Ganzen gar kochen (nicht zu weich, etwas „Biß“ müssen sie noch haben).
Die gekochten und noch heißen Möhren mit Bundmesser in Scheiben schneiden, danach Zwiebeln schälen, kleinschneiden und dazugeben.
Mit Salz, Essig und reichlich Zimt würzen.
Diesen Salat stellt man nicht in den Kühlschrank. *(70)*

Möhrensalat mit rohen Möhren

5 große Möhren, 3 Äpfel, 1 Zitrone, Zucker, Rosinen, etwas Rum

Möglichst am Vortag ein Schälchen Rosinen in Rum einweichen. Einige Stunden vor dem Servieren die Marinade aus dem Saft einer Zitrone, Zucker nach Geschmack und den Rosinen herstellen, die Möhren und Äpfel raspeln und dazugeben. Alles gut vermischen, kaltstellen und durchziehen lassen. *(80)*

Kleine Würstchen mit gebratenem Apfel

4 sehr kleine, ungebrühte Bratwürstchen (à 50 g), 2 feste Äpfel, 2 Eßl. Butter, 1/2 Glas Weißwein, trocken, 4 Scheiben Vollkorntoast

In einer Pfanne 1 Eßl. Butter zerlassen, die Würstchen darin knusprig braten. Mit dem Wein ablöschen. Die Äpfel schälen, Kerngehäuse ausschneiden, in dicke Scheiben schneiden. Die restliche Butter in einer anderen Pfanne zerlassen, die Äpfel darin langsam von beiden Seiten goldbraun braten.
In der Mitte einer Platte die Würstchen anrichten, die Äpfel darumlegen. Die Flüssigkeit über die Würstchen gießen. Dazu je Person 1 Scheibe getoastetes Brot. *(35)*

Käseaufläufchen

4 bis 6 Eßl. geriebener Käse, 1/4 l Milch, 4 Eier, Butter, Salz, Pfeffer

Den Käse mit 4 Eigelb, der Milch, Salz und Pfeffer vermischen, zuletzt das steifgeschlagene Eiklar unterheben. In vier bis sechs gebutterte Auflaufförmchen füllen und bei geringer Hitze (etwa 160 °C) 1/2 h backen. Sofort servieren. *(35)*

Kronprinzenstulle

8 Scheiben Toastbrot, 8 Scheiben Salami, 8 Scheiben Schnittkäse, 4 Eier oder 4 Würstchen, Salate nach Geschmack

Die Röstbrotscheiben mit Knoblauch einreiben und mit je einer Scheibe Salami und Käse belegen. Kurz in die Röhre oder Mikrowelle stellen. Dann entweder mit je einem Spiegelei oder einem heißen Würstchen, das an den Enden über Kreuz eingeschnitten ist, belegen. Die Brote in die Mitte des Tellers geben, ringsherum mit verschiedenen Salaten garnieren und servieren. *(37)*

Kleine Eisberge aus Schweine- oder Kalbfleischresten

Etwa 400 g Bratenreste, Aspik

Mit dem nach allgemeiner Vorschrift gekochten Aspik 4 große Weingläser bis etwa zur Hälfte füllen, erstarren lassen, dann das in feine Würfel geschnittene Bratenfleisch zugeben und anschließend mit Aspik bis zum Rand auffüllen. Beim Anrichten auf eine Schüssel stürzen und beliebig Soße dazugeben. *(39)*

Kräuterquark (Kräuterkäse)

200 g Butter, 200 g Quark, Schnittlauch, Dill, Petersilie, Salz, Pfeffer

Butter weich schlagen, Quark ausdrücken und dazugeben. Gehackte Küchenkräuter sowie etwas Salz und Pfeffer zufügen, alles gut durchschlagen und als Brotaufstrich verwenden. *(18)*

Gänseschmalz

700 g Gänsefett, 300 g Flomen, 200 g Äpfel, 100 g Zwiebel, 1 Teel. Beifußdolden, etwas gemahlener weißer Pfeffer

Gänsefett und Flomen durch den Fleischwolf treiben und auslassen. Äpfel und Zwiebel putzen, in kleine Würfel schneiden, nach und nach zugeben, damit der Ansatz nicht überschäumt. Zum Schluß mit Beifußdolden und weißem Pfeffer würzen, danach erkalten lassen. Gänseschmalz wird gern mit milden Käsesorten gegessen. *(83)*

Griebenschmalz

500 g Speck, geräuchert, ohne Schwarte, 500 g Flomen (Schmer), 250 g Äpfel, 250 g Zwiebeln, etwas Salz und Lorbeer

Speck in kleine Würfel schneiden, Flomen durch Fleischwolf treiben und beides auslassen. Äpfel und Zwiebel putzen, in kleine Würfel schneiden und dem Ansatz nach und nach zugeben (darf nicht überschäumen). Dabei muß die Hitze reduziert werden, damit die Zwiebel nicht verbrennt. Wenn die Zwiebel goldgelb bis hellbraun ist, den Ansatz mit Salz und Lorbeer würzen und erkalten lassen. Wenn die Speck- und Flomengrieben gleichmäßig verteilt sein sollen, so muß man kurz vor dem Erstarren nochmals alles gut verrühren. Griebenschmalz wird gern mit kräftigen Käsesorten gegessen. *(83)*

Fett (für „Fettbemme“)

1 Scheibe Weißbrot, 1 große Zwiebel, 250 g Schweineschmalz

Dieses Rezept wurde in einer sächsischen Familie durch Zufall erfunden. Statt ausgelassenem Speck werden hier geröstete Weißbrotwürfel verwendet. Weißbrotscheibe und Zwiebel in kleine Würfel schneiden und leicht bräunen lassen. Schweineschmalz zerlaufen lassen, mit Brot- und Zwiebelwürfeln vermischen. Erkaltet ergibt das einen köstlichen Brotaufstrich. *(23)*

Suppen und Eintöpfe

Servierd zur Hochzeid oder däächlich -
mit Subbn, da is alles määchlich.
Ne Schbeisnfolche ohne Subbe,
die is däm Gänner wärglich schnubbe.
Doch dudmr se scheen digg anriehrn,
gann mr als Eindobb se serviern;
so gann's ä Haubdgerichd glei wärn. -
's läßd sich ooch sieß zesammenmährn -
da wärds dann mehr ä Nachdisch sinn.
(So underschiedlich grischd mors hin!)
Wie's ooch gemachd: galld, heeß, sieß, däffdsch -
lassd's Eich nur schmäggn!
Langd zu gräffdsch!

Linseneintopf

400 … 500 g mageres Kaßler, 4 Möhren, 2 Zwiebeln, 2 Knoblauchzehen, 2 Tomaten, 1/4 Knolle Sellerie, Sellerielaub, Salz nach Geschmack, 400 g Linsen, 6 Kartoffeln

Alle Zutaten geputzt und zerkleinert etwa 25 min gemeinsam im Schnellkochtopf garen. Anschließend das Kaßler zerkleinern, in den Eintopf zurückgeben und alles mit viel frischer Petersilie überstreuen. *(48)*

Linsentopf aus der „Hammerhansel-Küch" in Frohnau

500 g Linsen, 75 g Bauchspeck, 3 Zwiebeln, 1 Möhre, 1 Stück Sellerie (100 g), 100 g Soßenlebkuchen, 2 Eßl. Mehl, 1 Eßl. gekörnte Brühe, 2 l Wasser, 4 geräucherte Bratwürste à 100 g, Salz, 1 Eßl. Zucker, 1 Eßl. Essig, 1 Eßl. zerdrückte Pfefferkörner

Die Linsen auslesen, dann gut waschen und in 1 1/2 l Wasser über Nacht weichen. Im Einweichwasser ansetzen und die gekörnte Brühe, zerdrückte Pfefferkörner, die roh geraspelte Möhre und den Sellerie dazugeben, bei kleiner Flamme weichkochen. Den Soßenlebkuchen reiben und einstreuen. Das Mehl in einem kleinen Pfännchen ohne Fett (trocken) braun rösten, dabei ständig rühren. Das abgekühlte Braunmehl mit wenig kaltem Wasser anrühren und kurz aufkochen. Speck und Zwiebeln in Würfel schneiden, die Zwiebeln ganz zart im ausgelassenen Speck bräunen, mit Zucker überstreuen und mit Essig ablöschen. Das „süß-saure Zwiebelgemisch" an den Linsentopf geben. Die geräucherte Bratwurst in Scheiben schneiden, im eigenen Fett anbraten und auf den fertigen, vorher noch mit wenig Salz, Zucker, Essig und Pfeffer pikant abgeschmeckten Linsentopf geben. *(1, 87b)*

Sächsische Kartoffelsuppe

2 l Fleischbrühe, 500 g Kartoffeln, 200 g Zwiebeln, 100 g Möhren, 50 g Sellerie, 100 g Porree, 200 g Kaßlerkamm, 50 g Speck, gehackte Kräuter, Kümmel, Knoblauch, Salz, Pfeffer, Majoran
Tip: Kümmel, gehackt oder gemahlen, zugeben

Kaßlerkamm in der Fleischbrühe garziehen lassen und wieder herausnehmen. Kartoffeln, Zwiebeln, Möhren und Sellerie grob zerkleinern, alles in der Fleischbrühe kochen und durch ein Sieb streichen. Die Suppe mit reichlich Kümmel, Knoblauch und Majoran sowie Pfeffer und etwas Salz abschmecken. Kaßlerkamm und Speck in Würfel schneiden, mit Speck anbraten, Porreeringe hineinschneiden und alles in den Suppenansatz geben, der 10 min ziehen sollte.
Die Kartoffelsuppe vor dem Servieren mit gehackten Kräutern reichlich bestreuen. *(69)*

Kartoffelsuppe mit Wiener Würstchen

600 g Kartoffeln, 2 Zwiebeln, 2 Möhren, 1/2 Sellerie, Liebstöckel, 1 Stange Lauch, 2 Zwiebeln, 4 Scheiben durchwachsenen Speck, 2 Paar Wiener, Salz, Pfeffer, Petersilie

Die geschälten Kartoffeln in Würfel schneiden, das Gemüse klein schneiden, den Liebstöckel wiegen. Alles in den Schnellkochtopf füllen, etwa 2 l Wasser aufgießen, salzen. Im geschlossenen Topf 10 min kochen. Abkühlen lassen. Das Gemüse grob zerstampfen und verrühren. 2 in Würfel geschnittene Zwiebeln im grob zerkleinerten Speck anbraten, mit frisch gemahlenem Pfeffer würzen. Wenn die Zwiebel goldgelb ist, Speck und Zwiebeln unter die Suppe rühren, ebenso die in Scheiben geschnittenen Wiener. Durchziehen lassen. Kurz vor dem Servieren 1 Bund gewiegte Petersilie zugeben. *(35)*
Weitere Varianten:
Zugabe von
- Bockwurstscheiben
- gerösteten Schinken- und Zwiebelstreifen
- gerösteten Knackwurstscheiben
- gerösteten Kaßlerwürfeln
- Streifen von gehackten Schweinsohren
- Scheibe Blut- oder Zungenwurst *(90)*

Sächsische Kartoffelsuppe mit Erbsen

800 g Kartoffeln, 50 g Erbsen, 50 g Möhren, 2 l Wasser, 50 g Speck, 50 g Zwiebeln, 1 1/4 l saure Sahne, Majoran

Kartoffeln, Erbsen und Möhren in Wasser kochen. Die gegarten Kartoffeln mit dem Gemüse zerstampfen.In Würfel geschnittenen Speck auslassen, Zwiebeln glasig anschwitzen und mit saurer Sahne ablöschen. Diese Masse zu den gestampften Kartoffeln geben, mit Wasser auffüllen und durchkochen. Mit Majoran abschmecken. *(64)*

Kartoffelsuppe mit rohen Kartoffeln

3 Stangen Porree, 30 g Fett, 3 Möhren, 1 kl. Sellerie, 1 l Wasser oder Brühe, 4 rohe Kartoffeln, Salz, Pfeffer, Kräuter

Porree kleinschneiden und im Fett dünsten. Möhren und Sellerie geschnitzelt dazugeben, mit Wasser oder Brühe auffüllen, gar kochen.
Die rohen Kartoffeln schälen, reiben und kurz mitkochen. Abschmecken mit wenig Salz, Pfeffer und Kräutern. *(59)*

Pobershauer Kartoffelsuppe mit Speck und Krusteln

1 kg Kartoffeln, 2 bis 3 Möhren, 1/4 Knolle Sellerie (200 g), 4 Zwiebeln, 1 1/2 l Brühe (Wurstbrühe oder auch Brühe von Brühpulver), 125 g Speck, 4 Brötchen, 3 Eßl. Öl, 2 Bund Petersilie, Salz, Pfeffer, Muskatnuß, Majoran

Speck in feine Würfel schneiden und auslassen, feine Möhren- und Selleriestreifen, Zwiebel- und Porreescheiben dazu anschwitzen. Würfel von Kartoffeln dazugeben und mit Brühe - am besten eignet sich Wurstbrühe, die man in der Kanne fix und fertig vom Fleischer holt - auffüllen, die Kartoffeln gar kochen, dann etwas zerstampfen, abschmecken mit Salz, Pfeffer, Muskatnuß und einer Spur Majoran. Vor dem Auftragen reichlich grob gehackte Petersilie zugeben und kleine in Öl geröstete Semmelwürfel einlegen. Als Einlage eignen sich außerdem Blutwurstwürfel, gebratene Scheibchen von Knoblauchwurst, geräucherter Bratwurst oder Würfel von gekochtem Schweinskopf und Wellfleisch sehr gut. In manchen Gegenden kocht man auch ein Stück Leberwurst direkt in der Suppe mit. *(1)*

„Gute Blumenkohlsuppe“

1 Blumenkohl, 1 großer Eßl. Butter, 1 Eßl. Mehl, 1 Ei, Salz, 1 Prise Muskat

Blumenkohl in Röschen teilen, waschen, etwas Salz zugeben und mit Wasser bedeckt weichkochen. Die Butter zerlassen (nicht bräunen!), Mehl darin anschwitzen und mit dem Blumenkohlwasser auffüllen (gut rühren). Anschließend das Ei mit etwas Wasser verquirlen und in die Blumenkohlsuppe einrühren, nicht mehr aufkochen lassen. Die Blumenkohlröschen dazugeben und mit einer Prise Muskat und gegebenenfalls mit etwas Salz abschmecken. Eine Scheibe Brot dazu ergibt eine vollwertige Mahlzeit, die energiearm und leicht verdaulich ist. *(2)*

Altenburger Suppe

1 Kopf Weißkraut, 20 g frisches Rinderfett, 1 1/2 l Fleischbrühe, 250 g Bratwurst, Salz, Pfeffer

Den Weißkrautkopf vierteln, die Strünke entfernen, die Blätter waschen und mit kochendem Wasser übergießen. Abtropfen lassen, grob hacken und zugedeckt auf schwachem Feuer weichdämpfen. Dann die Fleischbrühe aufgießen und alles etwa 60 min kochen. Unterdessen die Bratwurst gar braten und in Scheiben schneiden. Darüber die mit Salz und Pfeffer gut abgeschmeckte Suppe anrichten. *(10)*

Spinat-Eintopf

etwa 1 kg Spinat (bei Verwendung von gefrorenem Spinat zur Hälfte mit und zur Hälfte ohne Rahm), 10 mittelgroße Kartoffeln, etwas Rahm oder Milch, 300 g Gewiegtes, 1 Zwiebel, 1 Ei, 1 Eßl. Semmelmehl, Pfeffer, Salz

Kartoffeln schälen, in Würfel schneiden und in leicht gesalzenem Wasser gar kochen. Kartoffeln mit Kartoffelwasser in grob zerkleinerten Spinat geben, zum Kochen bringen und etwas Rahm oder Milch zugeben.
Gewiegtes mit Zwiebel, Ei, Semmelmehl, Pfeffer und Salz nach Geschmack zu einer Masse verarbeiten.
Aus dieser Masse kleine Fleischklößchen formen und in der Suppe aufkochen.
Mit Pfeffer und Salz abrunden. *(14)*

Saure Kartoffelstücke und saurer Pilzeintopf

1 kg Kartoffeln, 1/2 l Brühe, 4 saure Gurken oder Gewürzgurken, 3 große Zwiebeln, 100 g Speck, 3 Eßl. Mehl, 1/4 l Gurkenlake, Salz, Pfeffer

Kartoffeln schälen, kleinschneiden, in Brühe ansetzen, leicht salzen, gar kochen. Die Gurken schneiden, in Würfel geschnittenen Speck und Zwiebeln bräunen, alles dazugeben.
Mehl durchrösten (Einbrennen), mit Gurkenwasser auffüllen und zu den Kartoffeln geben, mit Salz und Pfeffer abschmecken.

Abwandlungen:
Gekochtes Rindfleisch kann (muß aber nicht) dazugegeben werden.
Beim sauren Pilzeintopf die gekochten Pilze zu den Kartoffeln geben. *(18)*

Möhreneintopf

250 g Rindfleisch, 250 g Rindsknochen, 500 g Kartoffeln, 500 g Möhren, Majoran, Salz

Das Rindfleisch mit den Knochen kochen. Wenn es gar ist, herausnehmen und Fleisch in Stückchen schneiden. Die in Würfel geschnittenen Kartoffeln und Möhren in der Brühe 20 min kochen, das Fleisch wieder zugeben und mit Majoran und Salz abschmecken. *(22)*

Eine gute Suppe ist ein halbes Mahl.

Bornaer Zwiebelsuppe

Bunter Gemüsetopf

300 g Gehacktes, 30 g Margarine, 1 Zwiebel, 4 Eßl. Ketchup, 1/4 l heißes Wasser, Salz, Pfeffer, 1 Zehe Knoblauch, 750 g Gemüse (Kraut, Möhren, Paprika, Kartoffeln, Kohlrabi, Blumenkohl, Porree), Majoran oder Bohnenkraut

Margarine zerlassen, Gehacktes anbraten, Zwiebel in Würfel schneiden und goldgelb dünsten, Ketchup dazugeben, Wasser aufgießen und mit Salz, Pfeffer und Knoblauch würzen. 30 min köcheln lassen. Danach das kleingeschnittene Gemüse in den Topf geben und mit etwas Wasser auffüllen. Etwa 20 min dünsten, Küchenkräuter dazugeben und 5 min ziehen lassen. Mit gehackter Petersilie auftragen. *(28)*

Bornaer Zwiebelsuppe

500 g Kartoffeln, 1 1/2 l Brühe, Kümmel, Salz, 50 g Margarine, 30 g Speckwürfel, 400 g Zwiebeln, 1 Eßl. Mehl, 2 Äpfel, 2 Eßl. Meerrettich, 1/4 l Sahne
Tip: Kümmel hacken und Meerrettich in feine Scheiben schneiden

Die Kartoffeln schälen, in Würfel schneiden und in der Brühe kochen. Kümmel und Salz dazugeben. In der Margarine Speckwürfel und Zwiebelscheiben dünsten. Nach Belieben etwas Mehl darüberstreuen und zu den Kartoffeln geben. Die geriebenen Äpfel, den Meerrettich und das Salz in der Sahne verrühren und die Suppe zum Schluß damit abschmecken. *(63)*

Zwiebelsuppe (Festtagssuppe)

250 g Geschabtes (vom Rind), 250 g Zwiebeln, 250 g Porree, 2 Dosen Kräuterfrischkäse, 1 l Brühe, Salz, Pfeffer, Thymian, Oregano, Rosmarin, 250 ml süße Sahne

Geschabtes, Zwiebeln und Porree andünsten. Dann die anderen Zutaten bis auf die Sahne zufügen und leise köcheln. Erst vor dem Servieren die süße Sahne dazugeben. *(43)*

Zwiebelsuppe (Sorbische Art)

400 g Zwiebeln, 40 g Margarine, 40 g Mehl, 1/4 l Milch, 1 l Brühe, Kümmel, Salz, 1 Schuß Weißwein
Tip: Kümmel fein mahlen

Zwiebeln in Scheiben schneiden und in Margarine farblos anschwitzen. Danach mit Mehl anstäuben, mit Milch ablöschen und heiße Brühe auffüllen.
Mit Kümmel und Salz würzen. Vor dem Servieren mit Weißwein abschmecken. *(64)*

Zodelsuppe

4 faustgroße geschälte Kartoffeln, 1 1/2 l Wasser, Salz, Pfeffer, Zwiebel, Speck oder Butter nach Belieben

Das Wasser zum Kochen bringen und unter ständigem Rühren die geriebenen Kartoffeln dazugeben. In einer Pfanne den Speck und die Zwiebeln goldbraun braten und zur Suppe geben. Mit Pfeffer und Salz abschmecken. *(61)*
Tip: Gibt man dem Wasser gekörnte Brühe (Rindfleisch- oder Gemüsebrühe) zu, wird die Suppe „runder".

Leipziger Wildkräutersuppe

200 g gehacktes Rindfleisch, 400 g Wildkräuter, wie Brennnessel, Taubnessel, junge Zaungirschblätter, Bärenlauch, Lungenkraut, Efeu Gundermann, Malvenblätter, Knoblauchrauke und Franzosenkraut, 1 l Wasser, 1 Zwiebel, 20 g Butter, 1 Knoblauchzehe, Liebstöckel, Bohnenkraut, Majoran, Muskat, Salz, Koriander, Selleriekraut

Die Wildkräuter, egal in welcher Zusammensetzung, kann man von März bis November im Auenwald und in der Umgebung von Leipzig sammeln. Beim Sammeln achtet man gleich darauf, daß man nur einwandfreie Pflanzenteile erntet.
Wasser zum Kochen bringen, mit Salz, Liebstöckel, Selleriekraut, Muskat und Koriander abschmecken und die Butter darin schmelzen lassen.
Die Wildkräuter waschen und in kochendes Wasser geben. Wenn das Wasser aufkocht, die Kräuter herausnehmen. Zwiebel in Würfel schneiden, den Knoblauch mit Salz verreiben und unter das Rindfleisch kneten. Das gekochte Rindfleisch mit der abgekühlten Kräuterbrühe mischen, dazu die anderen Zutaten geben. Die Suppe langsam erhitzen und noch etwas ziehen lassen, ehe sie angerichtet wird. *(77)*

Grünkohlsamtsuppe

400 g Grünkohlblätter, 80 g Würfel aus magerem Bauch- oder Schinkenspeck, 40 g Weizenmehl, gesiebt, 80 g Crème fraîche oder Sahne, 1/2 l kräftige Fleischbrühe, etwas Salz, Pfeffer, gemahlen

Grünkohlblätter putzen, kurz brühen und pürieren, Bauchspeck kräftig ausbraten, Grieben entfernen. Mehl ausstäuben, Grünkohl und Brühe zugeben, gut durchkochen (mindestens 30 min). Wenn die Flüssigkeit nicht reicht, mit Grünkohlwasser ergänzen. Mit Salz und Pfeffer abschmecken, Crème fraîche oder Sahne zum Verfeinern zugeben. Als Einlage können z. B. Rauchlachsstreifen, Bündner Fleich, Schinken- oder Kaßlerstreifen, Eierstich, pochierte Eier, Eismeergarnelen verwendet werden. *(83)*

Riesling-Käse-Suppe

40 g Butterschmalz, 40 g Weizenmehl, gesiebt, 150 ml Meißner Riesling, 300 g Reibekäse, 1/2 l Brühe oder Milch, 100 g Crème fraîche, etwas weißer Pfeffer, gemahlen, Salz, 80 g Traubenfilets

Von Butterschmalz und Mehl eine helle Mehlschwitze herstellen, mit Brühe oder Milch auffüllen und gut durchkochen, bis der Mehlgeschmack ausgekocht ist. Danach die Hitze reduzieren und den frischen Reibekäse nach und nach zugeben, verrühren, bis der Käse zerlaufen ist, den Wein zugeben, mit Crème fraîche, weißem Pfeffer und etwas Salz vollenden. Beim Anrichten werden die abgezogenen, halbierten und von den Kernen befreiten Traubenfilets als Einlage obenaufgelegt. *(83)*

Kräutersuppe

1 Eßl. Butter, verschiedene Kräuter (Kerbel, Dill, Petersilie, Majoran, Sellerieblätter, Schnittlauch u. a.), Wurzelwerk, 1 Tomate, 2 Eßl. Haferflocken, 1 l Wasser, 1/2 Eßl. Salz, saure Sahne oder Milch

Butter erwärmen, die gewiegten Kräuter (außer Schnittlauch) und das vorbereitete Wurzelwerk darin dünsten. Haferflocken dazugeben, mit Flüssigkeit auffüllen, gar kochen lassen, abschmecken. Zuletzt gehackten Schnittlauch und etwas Milch oder saure Sahne dazugießen. *(86a)*

Schwarzwurzelsuppe

250 g Schwarzwurzeln, 1/2 l Wasser, 1/2 l Milch, 3 Eßl. Fett, 5 Eßl. Mehl, Muskat, Zitronensaft, Semmelbrösel

Die Schwarzwurzeln putzen, in 2 bis 3 cm lange Stückchen schneiden und in Wasser und Milch weichkochen. Aus Fett und Mehl eine helle Schwitze herstellen, mit dem Milchwasser auffüllen und gut durchkochen lassen. Die Hälfte der Schwarzwurzeln durch ein Sieb streichen und zufügen. Mit Muskat und Zitronensaft abschmecken und mit den übrigen Schwarzwurzelstücken auf gerösteten Semmelbröseln anrichten. *(85d)*

Tomatensuppe

1 Eßl. Fett, 1 kl. Zwiebel, 1/2 Pfd. Tomaten, 1 Eßl. Mehl, 1 l Wasser od. Brühe, 1/2 Eßl. Salz

Fett zerlassen, Zwiebeln darin dünsten und Tomaten hineinschneiden. Mehl darüberstreuen, mit durchschwitzen lassen. Heißes Wasser dazugießen, 10 min kochen lassen, durchstreichen, mit Salz abschmecken. *(86a)*
Tip: Mit 1/8 l Sahne verfeinern.

Brotsuppe

Pilzsuppe

1 Eßl. Butter, 1 Zwiebel, 1/2 Pfund frische Pilze oder 25 g getrocknete Pilze, 2 Eßl. Mehl, 1 l Wasser oder Brühe, 1/2 Eßl. Salz, Petersilie

Frische Pilze putzen, waschen und fein schneiden. Butter zerlassen, Zwiebel und Pilze darin dünsten. Mehl darüberstreuen, mit heißer Flüssigkeit auffüllen, gar kochen, abschmecken und gewiegte Petersilie dazugeben. *(86a)*

Brotsuppe

4 Brotkanten oder 6 Scheiben Roggenmischbrot, 1 1/2 l Wasser, Zwiebel, Speck, Salz, Pfeffer

Das Brot in Würfel schneiden und mit kochendem Wasser überbrühen. Speck und Zwiebeln in einer Pfanne goldbraun rösten und zur Suppe geben. Mit Salz und Pfeffer abschmecken und aufkochen lassen. *(61)*

Brotsuppe mit Kümmel

100 g altbackenes Brot, 20 g Butter, reichlich 1/2 l Wasser, 1/2 Teel. Kümmel, Salz, Pfeffer oder Paprika

Das Brot in Würfel schneiden und in der erhitzten Butter rösten. Das kochende Wasser zugießen, den Kümmel beifügen, kurz aufkochen lassen. Mit Salz und Pfeffer abschmecken. Mit Ingwer, Zucker oder Zimt kann man die Suppe verändern. *(43)*

Sorbische Brotsuppe

50 g Speck, 50 g Zwiebeln, 1 l Fleischbrühe, 400 g Schwarzbrot, etwas Meerrettich

Speck in feine Würfel schneiden, auslassen, Zwiebelwürfel darin glasig anschwitzen und in 1 l kochende Fleischbrühe geben. Schwarzbrot in Würfel schneiden und mit der Brühe auffüllen. Mit Meerrettich garnieren. *(64)*

Die Brühe kostet oft mehr als die Brocken.

Rindfleisch mit selbstgemachten Nudeln und Pilzen

1/2 Pfund Rindfleisch,
25 g getrocknete Pilze,
3 l Wasser, 1 Eßl. Salz,
3/4 Pfund Nudeln, Wurzelwerk,
Petersilie

Fleisch klopfen, waschen, mit kochendem Wasser, Salz und Wurzelwerk ansetzen.
Pilze am Abend vorher einweichen, mit diesem Wasser ankochen, zum Fleisch geben. Wenn dieses weich ist, herausnehmen, in Würfel schneiden, Nudeln unter Rühren in die Brühe streuen, weichkochen. Fleisch und Petersilie dazugeben, abschmecken. *(86a)*

Nudeln, selbstgemacht

3/4 Pfund Mehl, 3 Eier,
1 Eßl. Salz, 4 Eßl. Wasser

Alle Zutaten zu einem geschmeidigen Teig verkneten, in vier Teilen ausrollen, trocknen lassen, schneiden und locker ausstreuen zum Trocknen. *(86a)*

Hausgemachte Nudeln mit Huhn

Für die Nudeln:
250 g Mehl, 2 Eier, 1 Teel. Salz,
1 Teel. Öl, Wasser
Für den Hühnertopf:
1 Suppenhuhn, 2…3 l Wasser,
1 Zwiebel, 2 Möhren, 1 kleine Sellerieknolle, 1 Petersilienwurzel, Salz, Pfefferkörner,
1 kleines Lorbeerblatt, reichlich gehackte Petersilie

Das Mehl in eine Schüssel sieben und eine Vertiefung hineindrücken. Eier, Salz Öl und etwas kaltes Wasser zusammen verschlagen, zum Mehl geben und alles zu einem glatten Teig verkneten. Der Teig soll fest und elastisch sein und darf beim Durchschneiden keine Löcher haben. Jetzt muß der Teig 30 min unter einer Schüssel an einem warmen Ort ruhen.
Danach den Teig in vier Teile schneiden und zu dünnen Platten ausrollen (etwa 1 mm). Diese zum Trocknen auf Tücher legen. Nach dem Trocknen übereinanderlegen und zuerst in 4…5 cm breite Streifen, anschließend in kurze schmale Nudeln schneiden. Die fertigen Nudeln in kochendem Salzwasser 15…20 min auf kleinem Feuer garen. Danach in ein Sieb gießen und kalt abspülen.
Die Zubereitung des Hühnertopfes erfolgt parallel.
Das vorbereitete Huhn mit Magen, Herz, Flügeln und Hals in kaltem Wasser ansetzen und Salz dazugeben. Nach einer Stunde das Suppengrün dazugeben, und leise kochen lassen, bis es weich ist. Das Huhn herausnehmen, abkühlen lassen, Haut und Knochen entfernen und das Fleisch in Würfel schneiden.

Die Brühe sieben und Fleisch, Möhren und Sellerie nochmals in der Brühe aufkochen.
Die Nudeln gibt man zuletzt in den Suppentopf, kann diese auch auf die vorgewärmten Teller legen und mit der kochenden Bouillon übergießen. Am Tisch die gehackte Petersilie einstreuen. *(84)*
Tip: Kocht man das Huhn am Vortag und läßt es in der Brühe erkalten, bleibt das Fleisch saftiger.

Gräupchen mit Kohlrabi

250 g Gräupchen, 500 g Kochfleisch, 5 Kohlrabis, Salz, Pfeffer, Glutal, Knoblauchpulver, Petersilie

Gräupchen in Salzwasser weichkochen, dann Wasser abgießen.
Kräftige Brühe mit dem Kochfleisch kochen.
Kohlrabi schneiden, in Topf mit Butter andünsten, dann in Wasser und Salz garen. Alles in die Brühe geben, abschmecken mit Pfeffer, Salz, Glutal und Knoblauchpulver.
Darüber viel Petersilie streuen. *(71)*

Flecke, süß-sauer

1 kg Flecke, Lorbeerblatt, Pfefferkörner, Piment, Salz, 10 Kartoffeln, etwa 3 Gewürzgurken, Speck, Petersilie, Knoblauch, Glutamat

Flecke mit Lorbeerblatt, Pfefferkörnern, Piment und Salz weichkochen. Kartoffelstückchen extra kochen und in den Topf mit den Flecken geben. Dazu kleingeschnittene Gewürzgurken nach Geschmack geben.
Zum Schluß mit Knoblauch und Glutamat abschmecken und ausgelassenen Speck und Petersilie darübergeben. *(71)*

Kalte Bouillon

1 Pfund Rinderkochfleisch, ein paar Knochen, 1 Bund Suppengrün, Salz, Cayennepfeffer

Das Fleisch mit den Knochen, 1 1/2 l Wasser, Salz und dem Suppengrün zum Kochen bringen (im Schnellkochtopf), abschäumen. Topf schließen, 35 min kochen, abkühlen und Fett abschöpfen. In den Kühlschrank stellen. Nachdem sich Fetteilchen verfestigt haben, durch eine Serviette gießen. In gekühlte Tassen füllen und mit je einer Prise Cayennepfeffer würzen. *(35)*

Geflügelbrühe mit Nudeln

Gänseklein, 1 Packung Hähnchenherzen, 1 Bund Suppengrün, 100 g grüne Erbsen, 80 g Nudeln, Salz, Pfeffer, Petersilie

Vom Gänseklein, den Hähnchenherzen, dem Suppengrün, Salz und etwas Pfeffer eine Brühe kochen. Durch ein Sieb gießen. Die Herzen und das Gänseklein in kleine Stücke schneiden, zur Brühe geben. Die gegarten Erbsen und gekochten Nudeln ebenfalls dazugeben. In Teller füllen, mit gewiegter Petersilie bestreuen. *(35)*

Schöpsenfleisch mit Weißkraut oder Bohnen oder Kohlrüben

1/2 Pfund Schöpsenfleisch, 1 l Wasser, 1/2 Eßl. Salz, 2 1/2 Pfund Weißkraut, 1 Teel. Kümmel, 1 bis 2 Pfund Kartoffeln, 1 Eßl. Fett, 1 kleine Zwiebel, 2 Eßl. Mehl

Das Fleisch klopfen, waschen und mit kochendem Wasser ansetzen. Das Kraut grob schneiden, mit Salz und Kümmel würzen und zum Fleisch geben. Alles weichkochen. Kartoffeln vorbereiten, in Stücke schneiden und 45 min vor dem Anrichten zufügen. Eine helle Einbrenne herstellen. Dazu Fett zergehen lassen und zuerst die Zwiebel, dann das Mehl darin dünsten, mit Gemüseflüssigkeit glattrühren, das Ganze zusammengießen, 10 min kochen lassen und abschmecken.
Kohlrüben schneidet man in Stücke und brüht mit kochendem Salzwaser. 2 Eßl. gebräunter Zucker geben dem Gericht einen besseren Geschmack. Statt Kümmel einen Teel. Majoran verwenden.
Bei *grünen Bohnen* statt Kümmel Bohnenkraut nehmen. *(86a)*

Hammelfleisch mit Weißkraut und Kartoffel

375 g Hammelfleisch, 1 l Wasser, 20 g Salz, 1 1/4 kg Weißkraut, 1 Teel. Kümmel, 750 g Kartoffeln, 1 l Wasser, 10 g Salz, 30 g Fett, 1 kl. Zwiebel, 30 g Mehl, 1 Prise Pfeffer

Vorbereitung: Fleisch klopfen; Kraut putzen, waschen, grob in Stücke schneiden; Kartoffeln waschen, schwitzen, in Stücke schneiden.
Zubereitung: Fleisch mit kochendem Wasser und Salz ansetzen, Kraut und Kümmel dazutun, langsam kochen lassen. Kartoffeln mit kaltem Wasser und Salz aufsetzen, bis ans Kochen bringen, abgießen und etwa 45 min vorm Anrichten zu dem Gericht geben. Helle Mehlschwitze herstellen, mit etwas erkalte-

ter Gemüseflüssigkeit glattrühren, das ganze zusammenschütten, 10 min kochen lassen. Fleisch in Würfel schneiden, wieder dazugeben, abschmecken. *(57)*

Sorbische Hochzeitssuppe

*500 g Rindsknochen,
1 Wurzelwerk, 8 Eier,
1/4 l Milch, Salz, Muskat,
100 g Erbsen, 100 g Möhren,
Leberklößchen, Petersilie*

Aus Rinderknochen und Wurzelgemüse eine kräftige Brühe kochen. 4 Eier mit der Milch verrühren, mit Salz und Muskat würzen, in gefettete Form geben und im Wasserbad stocken lassen. Erbsen, geschnittene Möhren, Leberklößchen in die Brühe geben, aufkochen und aus 2 Eiern Eierflocken dazugeben. Beim Anrichten geschnittenen Eierstand und Petersilie dazugeben.

Leberklößchen

*200 g Rindsleber, 1 Ei,
50 g geriebene Semmel, Muskat,
Salz und Pfeffer, 1 l Salzwasser*

Die Leber durch den Wolf drehen und mit Ei, Muskat, Salz, Pfeffer und geriebener Semmel gut vermischen, kaltstellen. Danach Klößchen formen, ins kochende Salzwasser geben und so lange garen, bis sie an der Oberfläche schwimmen.

Eierstand

*4 Eier, 1 Tasse Milch, Salz,
etwas Muskat*

Die Eier mit der kalten Milch verrühren, in ein Gefäß füllen, verschließen (einen Teller auflegen) und in kochendes Wasserbad geben. Auf kleiner Flamme weiterkochen lassen, bis die Masse fest ist. Den fertigen Eierstand mit dem Löffel abstechen und der Suppe zugeben.

Die „Sorbische Hochzeitssuppe" ist Bestandteil des sorbischen Hochzeitsmahls. Außerdem gehören dazu Rindfleisch mit Graubrot, Kalbsbraten mit Kartoffeln und Kompott nach Belieben. *(64)*

An der Brühe erkennt man das Fleisch.

Sorbische Hochzeitssuppe

Klare Oberlausitzer Klößelsuppe mit Eierstand

500 g Hochrippe, 3 bis 4 Markknochen, 1 Möhre, 1 Zwiebel, 1 Päckchen Suppengemüse, 1 Knoblauchzehe, 1 kleine Paprikafrucht, Salz, Pfeffer, Muskat,

Brühe
Zutaten zur Brühe kochen, bis das Fleisch weich ist. Fleisch aus der Brühe nehmen, kleinschneiden und in einen neuen Topf geben. Anschließend Brühe durch ein Sieb hinzugeben und das Suppengemüse durch das Sieb pürieren.
Mit Salz, Pfeffer und Muskat abschmecken.

1 Ei, 4 Eßl. Milch, 1 Prise Muskat, Salz,

Eierstand
Ei mit Milch und Gewürzen verquirlen und in einem geschlossenen Gefäß im Wasserbad kochen, bis das Ei fest ist. Den Eierstand herausnehmen, würfeln und in die fertige Suppe geben.

250 g geriebene Semmel, 1 Ei, 1 Prise Muskat, Salz, Pfeffer, 1 Teel. Butter, 1 Teel. Backpulver

Klößchen
Zutaten verkneten, zu Klößchen formen, in die Suppe geben und fertig kochen.
Vor dem Servieren Suppe mit kleingeschnittener frischer Petersilie bestreuen. *(60)*

Herrensuppe

1 kg Querrippe, 1 Bund Suppengrün, 1 Eßl. gekörnte Brühe, 1 Lorbeerblatt, Salz, 125 g Geflügelmägen, 125 g Geflügelleber, 4 Eier, 2 Handvoll Kerbel

Die Querrippe mit dem geputzten Suppengrün, der gekörnten Brühe und dem Lorbeerblatt in kaltem, leicht gesalzenem Wasser aufsetzen, zum Kochen bringen und 1 h im offenen Topf kochen lassen, dann die geputzten Mägen zugeben und 1 h weiterkochen lassen. Die geputzte Geflügelleber in etwa 5 min darin fest werden lassen. Alles durch ein Sieb in einen anderen Topf gießen. Mägen, Rippenfleisch und Leber herausnehmen und kleinschneiden. Die Brühe kalt werden lassen. Die Eier verquirlt in die kalte Brühe rühren. Die Brühe auf milder Hitze oder im Wasserbad unter Rühren aufkochen lassen. Die Fleischstückchen zugeben und wieder heiß werden lassen.
Die Suppe in eine vorgewärmte Terrine umfüllen, reichlich gehackten Kerbel hineingeben, kurz durchrühren und servieren. Außerdem Weißbrot dazu reichen. *(69)*

„Himmel und Erde“

250 g Rauchfleisch, 2,5 l Wasser, Salz, 500 g Kartoffeln, 750 g gedörrte Pflaumen und Äpfel, Wurzelwerk und Petersilie

Das Backobst am Abend zuvor einweichen. Fleisch halbgar kochen, dann Wurzelwerk, Kartoffelwürfel, Salz und Backobst zufügen und gar kochen.
Fleisch herausnehmen, ganz klein schneiden und wieder zufügen. Mit Salz abschmecken und mit gehackter Petersilie ergänzen.
Dieser Eintopf kann auch mit 2 Eßlöffeln gebräuntem Mehl angedickt werden. *(29)*

Kaninchensuppe

Reste vom Kaninchenbraten, etwas Fett, 2 Zwiebeln, Mehl, Salz, Sellerie, einige Möhren, Petersilie, Semmeln

Das Gemüse im Wasser dünsten. In Würfel geschnittenes Fleisch mit Fett und Zwiebel gut anbraten und bräunen. Danach mit dem Gemüsewasser auffüllen, mit Mehl binden und aufkochen. Anschließend 20 min ziehen lassen. Vor dem Anrichten feingewiegte Petersilie und geröstete Semmelwürfel zufügen. *(85c)*

Rauchfleisch mit weißen Bohnen, Möhren und Kartoffeln

1/2 Pfund Rauchfleisch, 1 Pfund weiße Bohnen, 2 l Wasser, 1/2 Pfund Möhren, 1 Pfund Kartoffeln, 1/2 Eßl. Salz, 1 Eßl. Fett, 1 kleine Zwiebel, 1 Eßl. Mehl

Bohnen am Abend vorher verlesen, waschen, mit kaltem Wasser einweichen; am nächsten Tag mit dem Einweichwasser, Salz und dem Rauchfleisch ansetzen und weichkochen. Kartoffeln und Möhren schälen bzw. putzen und in Würfel schneiden, 45 min vor dem Anrichten zu den Bohnen geben.
Fett zerlassen, Zwiebel, dann Mehl darin dünsten, mit etwas Gemüseflüssigkeit glattrühren, mit dem Gericht noch 10 min kochen lassen, mit Salz abschmecken. Fleisch in Würfel schneiden, dazugeben. *(86a)*

Spreewälder Aalsuppe

Hammelfleisch mit Weißkraut

250 … 375 g Hammelfleisch, 1kg Weißkraut, 500 g Kartoffeln, 1 Zwiebel, Salz, Fleischwürze, 1 Tasse Wasser, 1 Eßl. Fett und Kräutergewürz

Das Fleisch in Würfel, das geputzte Gemüse in feine Streifen und die Kartoffeln in Scheiben schneiden. In den Schmortopf Fett und darüber eine Lage Kraut geben. Fleisch salzen und in den Topf legen, nun die Zwiebeln und wieder Kraut einschichten, zum Schluß die Kartoffeln beifügen. Alles nochmals leicht salzen und Wasser darübergießen. Dann 10 … 15 min kochen und anschließend 20 min ziehen lassen. Mit frischer Petersilie überstreuen und anrichten. *(85c)*

Spreewälder Aalsuppe

300 g Aalfilet, frisch,
500 g Fischbrühe,
100 g Möhren, 100 g Sellerie,
50 g Lauchzwiebeln,
30 g Butterschmalz,
100 g Kartoffeln, geschält,
50 g Crème fraîche oder saure Sahne, Lorbeerblatt, Gewürzkörner, Estragon, Liebstöckel, etwas Salz und weißer Pfeffer, frisches Dillkraut

Vom Aal Mittelgräte, Kopf und Haut gut waschen und mit Wasser, etwas Salz und weißem Pfeffer, Lorbeer, Gewürzkörner, Estragon und Liebstöckel 15 min köcheln lassen und anschließend passieren.
Lauchzwiebeln, Sellerie und Möhren putzen und in feine Streifen schneiden. Lauchzweibeln in Butterschmalz anschwitzen, danach die Sellerie- und Möhrenstreifen zugeben und mit Fischbrühe auffüllen.
Kartoffeln in kleine Würfel schneiden, Aalfilet in 2 cm breite Stücken schneiden, dem Ansatz zugeben und danach etwa 15 min köcheln lassen.
Vollenden mit Crème fraîche oder saurer Sahne und feingezupftem Dillkraut.
Dazu kann kräftiges Landbrot bzw. Roggenbrötchen gereicht werden. *(83)*

Moritzburger Karpfensuppe

800 g Karpfen, 200 g Zwiebeln, 150 g Möhren, 100 g Sellerie, 50 g Margarine, 3 Eßl. Tomatenmark, 100 g Zitrone, Petersilie, Lorbeerblatt, Piment, Salz, weißer Pfeffer

Den Karpfen filetieren. Gräten, Kopf und Flossen mit Suppengrün und den Gewürzen zu einer Fischbrühe ansetzen. Möhren, Zwiebeln und Sellerie in Streifen schneiden und in der Margarine anschwitzen, das Tomatenmark zugeben und mit der passierten Brühe auffüllen. Abgeriebene Zitronenschale zufügen und abschmecken. Die möglichst grätenfreien Karp-

fenfilets in Portionsstreifen schneiden und in der Fischsuppe garziehen lassen.
Beim Anrichten auf jeden Teller einen Streifen Fisch und eine Scheibe Zitrone geben, die heiße Suppe darübergießen, mit gehackter Petersilie bestreuen. *(88)*

Holundersuppe mit Pudding

500 g Holunderbeeren, 2 Päckchen Vanille- oder Sahnepudding, 3 Nelken, 1 Stange Zimt, 1 Stange Vanille, 1/2 l Milch aus Sachsen, Zucker nach Geschmack

Holundersuppe kann als Vorspeise, als Nachspeise oder auch an heißen Tagen, wenn nur leichter Appetit besteht, als Hauptgericht gereicht werden.
Holunder (in manchen Gegenden wird dieser Strauch auch als Schweicke bezeichnet), ist reich an Vitamin C, kostet nichts und ist überall in Parks, an Bahndämmen und im Wald zu finden.
Die Dolden mit der Schere vom Strauch schneiden. Nach gründlichem Waschen die Beeren mit einer Gabel von ihren Stielen lösen, zur Hälfte mit Wasser übergießen und zum Kochen bnringen. Das Ganze etwa 5 min wallen lassen und danach durch ein Sieb streichen. Das nun erhaltene verdünnte Fruchtmark mit Wasser auf einen Liter auffüllen.
Einen Vanille- oder Sahnepudding nach Vorschrift kochen. In mit kaltem Wasser ausgespülten Förmchen (Tassen oder Teegläser) wird der Pudding aufgeteilt und kaltgestellt.
Nun das wie oben beschrieben erhaltene verdünnte Fruchtmark mit den Gewürzen - Nelken, Zimt, Vanillestange - und Zucker (etwa 4 Eßlöffel) mit dem zweiten Päckchen Pudding zum Kochen bringen.
Den erkalteten Pudding auf einen Suppenteller stürzen und mit der heißen Holundersuppe, der man vorher die Gewürze wieder entnimmt, übergießen. So serviert, ist es eine Freude für das Auge und schmeckt sehr gut!
Um auch außerhalb der Erntesaison solch ein Gericht anbieten zu können, wird bei reicher Ernte an Holunderbeeren empfohlen, den Saft im Dampfentsafter zu gewinnen. Dabei können die gesamten Dolden ohne vorheriges Entstielen verwendet werden. Den heißen Saft in Flaschen füllen und sofort verschließen. So ist der Saft längere Zeit haltbar. *(13)*

Leipzig, Gohliser Schlößchen
Guckuk
Holundersuppe

Holundersuppe mit Zwieback

500 g Holunderbeeren, 3/4 l Wasser, 3 Eßl. Zucker, 2 Eßl. Kartoffelmehl, 1/2 Teel. Salz, 1 kräftige Prise Zimt, 2 Teel. Zitronensaft, Zwiebackwürfel

Holunderbeeren waschen, abstreifen, (im Dampfentsafter nicht nötig), in Wasser kochen, durch ein Sieb streichen und wieder zum Kochen bringen. Mehl, Zucker und Gewürze verquirlen, in die Suppe gießen und 2 … 3 min aufkochen. Zwieback und Zitronensaft zum Schluß (nach dem Kochen) zugeben.

Abwandlungen:

• einige Apfelstücke mitkochen

• gleich nach dem Kochen mit Vanillezucker geschlagenes Eiklar obenaufsetzen. (Für Kinder sind das die Segelboote!) *(86)*

Dieses Rezept läßt sich variieren, indem man 1/2 l Milch zugibt. *(86a)*

Hagebuttensuppe läßt sich nach dem gleichen Rezept kochen. Dazu 1/4 Pfund getrocknete Hagebutten am Abend zuvor in 1 1/2 l kaltem Wasser einweichen und am nächsten Tag im Einweichwasser kochen. *(86a)*

Sächsische Fliederbeersuppe

750 g frische Fliederbeeren (Holunder) Schale von 2 Zitronen, 50 g Zucker, 1 oder 2 reife Birnen, 40 g Speisestärke, etwas Milch, etwas Zitronensaft, 3 Eiklar (oder 3 Butterkekse)

Die Fliederbeeren waschen und abzupfen oder abschneiden, mit der Zitronenschale in 1 1/2 l Wasser 30 min kochen. Durch ein Sieb abgießen, die Beeren durch das Sieb streichen. Den Zucker zugeben und die geschälten, in Spalten geschnittenen Birnen kurz in der Suppe ziehen lassen. Die Speisestärke mit etwas Milch anrühren, die Suppe damit binden, dann mit Zitronensaft abschmecken. Das Eiklar steifschlagen, kleine Häufchen davon abstechen und auf der Suppe kurz ziehen lassen. (Oder die Butterkekse zerkrümeln und auf die angerichtete Suppe streuen.) *(69)*

Birnekrde

Biersuppe

1 Flasche helles Bier, etwas Stärke, (Maisan, Maizena), Rosinen

Bier zum Kochen bringen, mit etwas Maisstärke sämig andikken und Rosinen darin aufquellen lassen. Suppe warm servieren. *(70)*

„Biermehrde“

1 Flasche dunkles Bier, 1 Eßl. Zucker, 1 Scheibe Brot („Bemme“)

Bier in eine Schüssel gießen, Zucker zugeben und das Brot hineinschneiden. Das Ganze löffeln und sich anschließend ins Bett legen. Es ist ein gutes Schlafmittel von Großmutter. *(75)*

Sächsische Warmbiersuppe

1/2 l Milch, 1 Eßl. Mehl, 2 Eigelb, 3/8 l dunkles Bier, 1 Prise Salz, 2 Eßl. Zucker, Zimt, etwas kandierter Ingwer, einige Zitronenscheiben

Von der Milch 1 Tasse abnehmen, den Rest zum Kochen bringen. Mehl mit der Tasse Milch anrühren und damit die kochende Milch andicken. Vom Feuer nehmen und schnell die Eigelbe unterrühren. In einem anderen Topf Bier, Salz, Zucker, Zimt, Ingwer und die Zitronenscheiben gut verrühren und aufkochen lassen. Durch ein Sieb in die Milchsuppe gießen, gut umrühren und sofort heiß servieren. *(63)*

Bierkaltschale

125 g Schwarzbrot, 2 Flaschen Lagerbier, 50 … 60 g Zucker, Zimt, 125 g Korinthen

Das in Scheiben geschnittene altbackene Schwarzbrot in eine Suppenschüssel legen und das Bier darübergießen. Zucker, Zimt und die sauber gewaschenen Korinthen hinzufügen. Nachdem das Brot aufgeweicht ist, alles durcheinanderrühren. *(85d)*

Klunkernsuppe

2 bis 3 Eier, 1 Eßl. Wasser, etwas Mehl, 1 l Milch, Muskat, 1 Prise Salz, Backobst, Zucker

Eier und 1 Eßl. Wasser mit der Gabel schlagen. Mehl dazugeben, bis eine dicke flüssige, zähe, vom Löffel abreißende Masse entsteht. Milch mit Muskat und Salz zum Kochen bringen. Eimasse gut durchkochen lassen. Backobst und Zucker nach Geschmack zugeben. Die Suppe kann auch mit Fleischbrühe und Porree hergestellt werden. *(59)*

Kürbissuppe

1 1/2 Pfund Kürbis, 1/2 l Wasser, 1/2 l Milch, Salz

Kürbis schälen und in Stücke schneiden. Mit kochendem Wasser ansetzen, weichkochen und zerrühren. Milch zugießen, abschmecken. *(86a)*

Süße Kürbissuppe

375 g Kürbis, 1 l Wasser, 5 g Salz, 20 g Mehl, 20 g Butter, Zucker, Zitrone

Auf dem Komposthaufen wächst der Kürbis so nebenbei und auch billig.
Kürbiswürfel im Wasser kochen, Salz zugeben, gut verquirlen und mit dem Mehl dicken. Zucker und Zitrone nach Geschmack beifügen und kurz vorm Anrichten die Butter einrühren. *(75)*

Buttermilchsuppe nach sorbischer Art

1 l Buttermilch, 50 g Zucker, etwas abgeriebene Zitronenschale, 2 Eßl. Stärkemehl, Zimt

Buttermilch mit Zucker und etwas abgeriebener Zitronenschale aufkochen lassen. Mit Stärkemehl die Buttermilch binden. Vor dem Servieren mit Zimt bestreuen. *(64)*

Äpfelsuppe

1 l Wasser, 8 bis 9 Musäpfel, 50 g Zucker, Zimt, geriebene Schale einer Zitrone, 1 Glas leichter Weißwein, 2 Semmeln

In 1 l Wasser die geschälten, in Scheiben geschnittenen Musäpfel mit Zucker, Zimt und Zitronenschale weichkochen, danach durch ein Sieb treiben, den Weißwein zugeben und nochmals aufkochen lassen. Über gerösteten Semmelwürfeln anrichten. *(85a)*

Erdbeerkaltschale

250 g Erdbeeren, etwas Zucker, 500 g süße Sahne, 1 Eßl. Zitronensaft, Suppenmakronen

Die Erdbeeren gut waschen und die eine Hälfte durch ein Haarsieb streichen. Die andere Hälfte in eine Glasschüssel geben und mit Zucker überstreuen. Die durchgestrichene Masse mit der Sahne und dem Zitronensaft verquirlen und mit Zucker abschmecken. Nach etwa einstündigem Kaltstellen die Masse über die eingezuckerten Erdbeeren geben und mit Suppenmakronen anrichten. *(85b)*

Kalte Weinsuppe

1/2 l Wasser, etwas Zucker, 1 Teel. Kartoffelmehl, 1/2 l Weiß- oder Apfelwein, 2 Eigelb, Zitronensaft, Suppenmakronen

Etwas Zucker in Wasser aufkochen lassen und das in wenig Wasser angerührte Kartoffelmehl zugeben, kurz danach den Wein zufügen und leicht aufwallen lassen. Danach die mit 1 Teel. Wasser verquirlten Eigelbe unter Rühren vorsichtig in die Suppe geben und mit Zucker und Zitronensaft abschmekken. Unmittelbar vor dem Essen über Suppenmakronen anrichten. *(85b)*

Fischgerichte

Dr Garbfn schwamm vergnieschd im Deich,
woraufer offn Disch gam gleich
midd Sahnemärräddsch un midd Gleesn. -
Das war's – mei Fischlein – nu geweesn !
Gommsd ooch als Häggerle offs Brood.
's is aber doch ä scheenor Dood :
Wenn Saggsngaum'n sich dun erfrein,
da willsde gern ä Sallad sein.
Bei manchen reeschd's - das is de Greenung
un for dän Fisch glei de Versehnung -
zum Fessdaachsbradn an Silvesder.
(Das is des Doodes allerbesder!)

Karpfen blau aus Hermsdorf

Karpfen, vogtländisch

1 Karpfen, Salz, 40 g Margarine, 2 Möhren, 2 Stangen Porree, 1 Petersilienwurzel, 2 Zwiebeln, 1 Flasche helles Bier, 5 Gewürzgurken, 1 Lorbeerblatt

Den Karpfen ausnehmen, schuppen, längs halbieren, in Portionsstücke teilen und salzen. Die Margarine erhitzen, darin das kleingeschnittene Gemüse und die Zwiebelscheiben etwas dünsten, die Hälte des Bieres auffüllen, zudecken und einige Minuten weiterdünsten. Nun die Karpfenstücke darauflegen, Gewürzkörner, Lorbeerblatt und das restliche Bier zugeben. Das fertige Gericht kann auch leicht gebunden werden. *(10)*

Vogtländischer Karpfen

1 Karpfen (1,5 kg), Fischgewürz (1/2 Stange Lauch, 1/4 Knolle Sellerie, 1/4 Kohlrabi, 2 Möhren, 1/4 rote Rübe, 1 Petersilienwurzel), 1 Lorbeerblatt, 1 Pimentkorn, etwas Brotrinde, Salz, Pfeffer, Essig oder Zitronensaft, 100 g Butter

Das Fischgewürz putzen und mit etwa 1/2 l Wasser, Piment, Lorbeerblatt und Brotrinde gar kochen.
Den Karpfen in Portionsstücke teilen, Kiemen und Schuppen entfernen, abspülen, die Innenseiten salzen und pfeffern und auf eine Platte legen. Die Oberseiten mit Zitrone oder heißem Essig beträufeln und blauwerden lassen. In einer Kasserolle die Butter zerlaufen lassen, dann die Fischstücke einschichten - zuerst die Kopfstücke, dann die Mittel- und Schwanzstücke und zum Schluß das „Gebütt" (Rogen oder Milch). Darüber das zerkleinerte Fischgewürz mit Brühe gießen, alles kurz aufkochen lassen, nochmals mit Salz und Pfeffer abschmecken und bei kleiner Hitze etwa 30 min garziehen lassen. Beliebte Beilagen sind Salzkartoffeln mit Rotkraut, aber auch „Grüne Klöße". *(61)*

Karpfen blau aus Hermsdorf zur Weihnachtszeit

1 Karpfen (bis 2 kg), 2 1/2 l Wasser, 3/8 l Kräuteressig, 50 g Salz, 1 mittelgroße Zwiebel, 1 mittelgroße Möhre, 100 g Sellerie, 10 g Pfefferkörner, 2 Lorbeerblätter, 1 Zitrone, 1 Bund Petersilie, Meerrettich, 1/2 Stück Butter aus Sachsen

Den Karpfen ausnehmen (Kiemen entfernen) und in Portionsstücke teilen. (Beim Blaukochen immer darauf achten, daß der Schleimüberzug, der das Blauwerden bewirkt, nicht verletzt wird, deshalb stets mit feuchten Händen und Tüchern arbeiten.) Das Wasser mit Essig, Salz, der grobgeschnittenen Zwiebel, der Möhre, einigen Stücken Sellerie, den Stengeln der Petersilie, den Pfefferkörnern und dem Lorbeerblatt eine Viertelstunde kochen lassen, die Karpfenstücke einlegen und im heißen Sud 25 ... 30 min ziehen lassen. Danach die Karpfenstücke herausnehmen, abtropfen lassen, anrichten und mit Zitronenecken, Petersilie sowie geriebenem Meerrettich garnieren. Mit zerlassener, leicht gebräunter Butter übergießen. Dazu Petersilienkartoffeln reichen, im Erzgebirge ißt man Rotkraut dazu. *(17, 87b)*

Meißner Wurzelkarpfen

1 Karpfen (bis 2 kg), 2 Möhren, 1/2 Knolle Sellerie, 1 Stange Porree oder 2 mittelgroße Zwiebeln, 2 Eßl. Öl, 2 Eßl Butter, 2 Schoppen Weißwein aus Meißen, 1 Eßl. Zitronensaft oder Weinessig, Salz, Lorbeerblätter, Pfefferkörner, 1 Bund Petersilie

Den geschlachteten Karpfen ausnehmen (Kiemen entfernen), längs halbieren und in Portionsstücke schneiden. Das Gemüse putzen, waschen und zerkleinern - alles in Öl leicht anschwitzen, einige grob gemahlene Pfefferkörner und zwei zerkleinerte Lorbeerblätter dazugeben. Die gut gewaschenen, leicht gesalzenen mit Zitronensaft beträufelten Karpfenstücke darauflegen, einige Butterflöckchen obenaufsetzen, mit Meißner Weißwein auffüllen und alles 20 min zugedeckt bei geringer Hitze dünsten. Beim Anrichten mit viel Petersilie bestreuen, mit dem Sud übergießen und mit Petersilienkartoffeln und frischem Salat servieren. *(17, 87b)*

Wermsdorfer Karpfen in Folie und Fischsuppe

1 Karpfen (1kg), 50 g Speck, 4 Eßlöffel Butter oder Margarine, 3 Möhren, 1 Sellerieknolle, 1 Porreestange, 2 Bund Petersilie, 1 Bund Dill, 6 Zwiebeln, 1 große Zitrone, 10 Pfefferkörner, 3 Pimentkörner, 1 großes Lorbeerblatt, Paprika, Pfeffer, Salz

Den Karpfen säubern und in 4 Portionsstücke schneiden, diese leicht salzen und kühlstellen.

Den Kopf des Karpfens und die abgetrennte Schwanzflosse vom Endstück für eine Fischbrühe als Vorsuppe vorbereiten. Dazu die Kiemen und die beiden vorderen Flossen entfernen.

Mit 1 Möhre, 1/3 Sellerie, 1/3 Porreestange, 1 Zwiebel, Lorbeerlaub, Pfeffer- und Pimentkörnern den Kopf mit den Flossen in 3/4 l Wasser ansetzen, zum Kochen bringen und 1/2 h zum Ziehen stehen lassen.

Danach das Gemüse und etwas gehackte Petersilie/Dill in vier Tassen geben, die kochende Brühe darübergießen und sofort servieren.

Bevor die Fischsuppe bereitet wird, sollte man die Füllung für den Karpfen vorbereiten. Dazu die 2 Möhren, 2/3 des Selleries

und 2/3 der Porreestange in sehr kleine Würfel schneiden, diese kurz blanchieren und abkühlen lassen. Zwischenzeitlich die Zwiebel zerkleinern, Petersilie und Dill ebenfalls kleinhacken und unter das Gemüse mischen. Das Gemüse mit Salz und Pfeffer würzen, 4 Eßlöffel Butter oder Margarine und 3/4 des gepreßten Zitronensaftes dazugeben und nochmals alles gut durchmischen (am besten eignet sich eine Gabel), bis eine einheitliche Masse entstanden ist, der beim Glattstreichen Zitronentröpfchen entweichen.
Diese vorbereitete Masse dann in die 4 Portionsstücke füllen, das Schwanzstück vorher noch etwas an der Mittelgräte aufschneiden.
Die Alufolie nun vorbereiten, das heißt, 4 Folienstücke (nicht zu knapp abtrennen) in der Mitte leicht mit Butter oder Margarine bestreichen, auf jedes eine der restlichen 4 Zwiebeln kleingehackt verteilen und leicht mit Salz und Pfeffer würzen.
Darauf nun die Karpfenstücke legen und diese mit sehr dünnen Scheiben Speck garnieren. Zum Schluß den Rest der gepreßten Zitrone überträufeln.
Alsdann die Folie vorsichtig über die Portionsstücke schlagen und dicht falten. Zur Sicherheit verwendet man noch eine zweite Folie, damit keine Flüssigkeit austreten kann. In die vorgeheizte Backröhre (180 °C) werden die Portionen mittig auf den Rost gegeben und nach etwa 1 h entnommen. *Vorsicht, sehr heiß!*
Die Stücke auf Teller verteilen, mit Messer und Gabel die erste Folie entfernen, danach die innere Folie gleichfalls öffnen, langsam unter dem Fisch hervorziehen.
Dazu Salzkartoffeln und einen lieblichen Weißwein reichen. *(24)*

In Bier gegarter Karpfen

In Bier gegarter Karpfen

*1 mittlerer Karpfen,
1/2 l Bier, eine kleine Zwiebel,
1 Nelke, 8 Pfefferkörner,
1 Lorbeerblatt, 50 g Butter,
30 g Mehl*

Den Karpfen schlachten, ausnehmen, waschen und in Portionsstücke teilen. Die gut gesalzenen Stücke in eine Kasserolle legen und mit dem Bier begießen. Dazu die Gewürze (Zwiebel nicht teilen) und die mit dem Mehl verknetete Butter geben und bei mäßiger Hitze etwa 18 min garziehen lassen. Die Portionen auf Tellern anrichten und mit dem passierten, etwas angedickten Fond begießen. Als Beilage eignen sich Salzkartoffeln. *(89)*

Karpfen aus der Röhre

*1 großer Spiegelkarpfen,
100 g Margarine, Salz, Zitrone,
Rapünzchen*

Einen großen Spiegelkarpfen ausnehmen, mit dem Messer Schleim und Schuppen abschaben und leicht salzen.
Den Karpfen rittlings über eine konische, umgestülpte Tasse auf das Bratenblech setzen und mit 100 g Margarine in die mittelheiße Backröhre schieben.
Sobald die Margarine zerlaufen ist, den Karpfen laufend damit begießen und etwa 40 min backen.
Den auf eine Platte aufrecht (mit Tasse) servierten Karpfen mit Zitrone und Rapünzchen sowie frischen Dampfkartoffeln anrichten. *(50)*

Karpfen in Biersoße, mit Wurzeln zubereitet

*1 Karpfen (1 … 1,5 kg), Essig,
Salz, 2 mittelgroße Möhren,
1 kleine Sellerieknolle, 2 Lorbeerblätter, 1 Zweig Thymian,
2 kleine Zwiebeln, 3 Gewürznelken, 1 Stück Zitronenschale,
5 Pfefferkörner, 50 g Butter,
Bier, 2 bis 3 Schwarzbrotscheiben, 30 g Zucker*

Den Karpfen waschen, ungeschuppt ausnehmen, längs spalten und quer in etwa 3 cm breite Stücke schneiden. Diese in eine Schüssel legen, einen Schuß Essig zugeben und mit Salz bestreuen.
Möhren und Sellerie in Streifen schneiden, Gewürze und flüssige Butter zugeben und das ganze mit Bier bedecken.
Schwarzbrotscheiben (mit Rinde) in fingerbreite Stücke schneiden und mit dem Zucker zu den Karpfenstücken geben.
Bei großer Hitze gar kochen (dabei den Topf öfter bewegen, damit es nicht anbrennt). Karpfenstücke herausnehmen, Soße durch ein Sieb auf den Karpfen geben.

Die Soße muß würzig und angenehm süß-säuerlich schmecken. Anstelle der Brotscheiben, die zum Verdicken der Soße dienen, kann auch geriebener brauner Pfefferkuchen (Soßenkuchen) verwendet werden.
Dieses Gericht wurde bereits zu Anfang des 18. Jahrhunderts in Sachsen zubereitet. Die Karpfen fing man damals in der Elbe, deren Fischreichtum schon vom preußischen Baron von Pöllnitz gerühmt wurde. *(56)*

Moritzburger Karpfen im Gemüsesud

1 mittelgroßer Karpfen, 300 g Zwiebeln, 200 g Möhren, 100 g Sellerie, 50 g Petersilienwurzel, Piment, Lorbeer, Pfefferkörner, Salz, 100 g Meerrettich, 1 Zitrone, 300 ml Meißner Müller-Thurgau

Geputzte Möhren, Petersilienwurzel, Sellerie und Zwiebel in große Würfel schneiden, mit den Gewürzen in reichlich Wasser kochen und durchseihen. Dann diesen Sud mit Weißwein auffüllen und mit Salz und Zitrone abschmecken.
In diesem Sud den ausgenommenen, gut gewaschenen und geviertelten Karpfen 10 ... 15 min garziehen lassen.
Den Moritzburger Karpfen mit frisch geriebenem Meerrettich anrichten und als Beilage Rotkohl und Kartoffeln reichen. *(69)*

Wurzelkarpfen

1 Karpfen (etwa 2 kg), 1/2 Fl. trockenen Weißwein, 2 Zwiebeln in Würfel, 1 Stange Porree, 2 Möhren, 200 g Champignons, 1 Stück Butter, 1 Bund Petersilie, Zitrone, Mehl, Salz, Pfeffer, Worchestersoße, Kerbel, frisch

100 g Butter zerlaufen lassen und das feingeschnittene Gemüse, die Champignonscheiben, Zwiebelwürfel hineingeben und kurz durchrühren. Nun die in feine Streifen geschnittenen Möhren und feine Porreeringe hinzugeben. Alles zusammen kurz dünsten und dann mit dem Weißwein auffüllen.
Anschließend den gut hergerichteten in Stücke geschnittenen Karpfen (eine Hälfte 4 bis 5 Stücke) in ein flaches Kasserol geben, mit Salz und Pfeffer bestreuen und mit Wein-Gemüse-Ansatz auffüllen und alles zusammen bei kleinem Feuer 30 min dünsten.
Danach den Karpfen vorsichtig herausnehmen und die Soße vollenden. Dazu eine helle Mehlschwitze (Butter und Mehl) herstellen und die Soße abziehen. Zum Abrunden des Geschmacks etwas weißen Pfeffer, und wenn nötig noch Zitronensaft und Worchestersoße verwenden.

Moritzburger Karpfen im Gemüsesud

Nun Karpfen auf dem Teller anrichten. Gemüsesoße darübergeben, obenauf noch reichlich gehackte Petersilie und Kerbel streuen. Dazu Salzkartoffeln reichen. *(78)*

Gefülltes Karpfenfilet auf sächsische Art

1 Karpfen (2 kg), 120 g Butter, 80 g Sahne, 4 Eier, 1 Brötchen, 120 g Zitrone, 40 g Semmelbrösel, 1 Bund Petersilie, Salz, weißer Pfeffer, Muskatnuß, Zitronenschale

Den geschlachteten Karpfen ausnehmen und gut waschen. Vorhandene Karpfenmilch für die Soße mitverwenden. Danach den Karpfen filetieren und beide Filets von allen Gräten befreien.
Ein Karpfenfilet kräftig mit Salz und Zitrone marinieren und beiseitelegen, von dem zweiten Filet eine Farce herstellen. Dazu das Filet im Mixer zerkleinern und die in Sahne eingeweichte Semmel sowie das Rührei von vier Eiern untermischen. Mit abgeriebener Zitronenschale, gehackter Petersilie, weißem Pfeffer, Muskatnuß und Salz abschmecken. Das marinierte Karpfenfilet dann in eine mit Butter bestrichene Kokotte legen und die Karpfenfarce auf das Filet dressieren. Danach mit feinen Semmelbröseln bestreuen und mit zerlassener Butter überträufeln. Die Kokotte dann in einer vorgeheizten Röhre bei 200 °C 40 min garen. Zu dem fertigen Karpfenfilet eine Sardellensoße mit der in Würfel geschnittenen Karpfenmilch sowie frisch gekochte Salzkartoffeln reichen. *(79)*

Forelle Kirnitzschtal

4 mittlere Forellen (350...400 g) Salz, Pfeffer, Zitrone, 200 g Zwiebeln, 1 Bund Petersilie, 2 Bund Schnittlauch, 20 g frischer Salbei, 400 g Champignons, 50 g Mehl, 200 g Butter

Die frisch geschlachteten, ausgenommenen und gewaschenen Forellen etwas abtupfen, innen und außen mit Salz, Pfeffer und Zitrone würzen. Nun die Füllung vorbereiten. Dafür die Champignons in feine Blättchen und die Zwiebel in Würfel schneiden, alles mit den feingehackten Kräutern mischen und mit Salz, Pfeffer und Zitrone würzen. Diese Füllung in die Forellen geben, die Bauchhöhle zunähen oder -stecken, die Fische mehlieren und in steigender Butter braten. (Dabei des öfteren übergießen.) Beim Anrichten Nadel bzw. Faden entfernen und den Fisch mit Bratfett überziehen.Die Forellen mit Petersilienkartoffeln und frischem Salat servieren. *(69)*

Forelle Kirnitzschtal

Wermsdorfer Forellenfilet in Alufolie

4 Forellen à 300 g, 200 g Möhren, 200 g Sellerie, 200 g Porree, 500 g rohe Kartoffeln, geschält, 120 g Butter, 1 Bund Petersilie, Salz, Zitrone, weißer Pfeffer

Die Forellen vorsichtig filetieren, danach gut waschen und mit Zitrone und Salz kräftig marinieren. In der Zwischenzeit geputzte Möhren, Sellerie und Lauch in feine Streifen (Julienne) schneiden und in Butter bißfest dünsten, mit etwas Salz und einer Prise Pfeffer würzen. Die rohen geschälten Kartoffeln in dünne Scheiben schneiden, mit Pfeffer und Salz würzen und im heißen Fett kurz auf beiden Seiten anbraten, danach die Kartoffelscheiben in die vorbereitete Folie legen. Auf die Kartoffelscheiben jetzt die gut marinierten Forellenfilets legen und mit den gedünsteten Gemüsestreifen bedecken.
Zum Schluß alles mit feingehackter Petersilie bestreuen und danach die Folie gut verschließen, damit keine Flüssigkeit verdampft.
Den so vorbereiteten Fisch in Alufolie dann in einer vorgeheizten Röhre bei 200 °C etwa 20 min garen. Danach den Fisch auf einer Platte anrichten und servieren. Die Folie erst am Tisch öffnen, damit das aufsteigende Aroma zum Essen anregt.
Zu diesem Gericht eignen sich ein Kopf- oder Gurkensalat. *(79)*

Forelle Müllerinart

4 Forellen, 3 Zitronen, Salz, 125 g Butter, 4 Eßl. Semmelbrösel, 4 Eßl. Mehl, Petersilie, Kartoffeln

Die ausgenommenen Forellen gut waschen, salzen und mit Zitronensaft beträufeln (je Forelle Saft einer halben Zitrone). Semmelbrösel und Mehl gut mischen und die Forellen darin wälzen. Danach 8 ... 10 min in Butter braten. Gehackte Petersilie und Zitronensaft in der Butter verrühren und beim Anrichten die Forellen damit begießen. Die Forellen mit Zitronenscheiben garnieren und dazu Salzkartoffeln reichen. *(89)*

**Der Fisch will dreimal schwimmen:
im Wasser, im Schmalz und im Wein.**

Gefülltes Hechtfilet

Zum Marinieren:
750 g Hechtfilet, frische Zitrone, weißer Pfeffer, Dill, Zitronenmelisse, Kerbel, gehackt

Für die Füllung:
250 g geputzte Austernseitlinge, 30 g Rauchspeck, 1 Eßl. gehackte Zwiebeln, etwas Semmelmehl, 40 g geriebener Käse, 200 g frischer Blattspinat, 150 g Schweinenetz

Für die Soße und das Garen:
50 g Butterschmalz, 20 g Sardellenpaste, 50 ml Meißner Weißburgunder, 50 g Crème fraîche

Das Hechtfilet quer einschneiden und mit den angegebenen Zutaten marinieren.
Die Spinatblätter putzen, waschen, brühen, in Eiswasser legen, gut abtropfen lassen und damit die Innenseiten des Fischfilets belegen.
Den würflig geschnittenen Rauchspeck auslassen, Zwiebel zugeben, Pilze anbraten, mit Semmelmehl binden, zum Schluß Käse untermischen und mit dieser fertigen Masse das vorbereitete Fischfilet bestreichen und zuklappen, im Schweinenetz einhüllen, etwas salzen und pfeffern. In Butterschmalz von beiden Seiten anbraten und im Bratofen etwa 10 min fertig garen.
Den Bratensaft mit Weißburgunder ablöschen, Sardellenpaste und Crème fraîche zur fertigen Soße unterrühren.
Rote-Bete-Kartoffeln oder Kartoffelplätzchen und einen frischen Feldsalat als Beilage reichen. *(83)*

Zanderfilet in Kräutereihülle auf Brunnenkresserahm

0,64 kg Flußzander (160 g Filet je Person), Zitronensaft, Salz, etwas Mehl
Für die Kräuterhülle:
2 Eier, frische Kräuter (Petersilie, Schnittlauch, Estragon, Kerbel, Borretsch u.a.), 20 g Butter
Für die Soße:
200 ml Crème fraîche, 50 ml Fischbrühe, Cayennepfeffer, Salz, Worchestersoße, 10 g Schnittlauch, 20 g Brunnenkresse, Saft von 1/2 Zitrone

Zanderfilets säubern, säuern, salzen, mehlieren und durch die verquirlten Eier mit gehackten Kräutern ziehen.
In einer heißen Stielpfanne in brauner Butter braten.
Schnittlauch und Brunnenkresse mit dem Zitronensaft mixen und durch ein Sieb streichen.
Crème fraîche mit Fischbrühe erhitzen und alle Zutaten miteinander verrühren, einkochen lassen.
Auf heißem Teller anrichten, das Zanderfilet auflegen und mit Kräutern bestreuen. Dazu serviert man Reis oder Butterkartoffeln. *(91)*

Aal mit Kräutersoße

2 Pfund Aal, 1/4 Flasche leichter Weißwein, 2 in Butter geschmorte halbierte Zwiebeln, einige frische oder getrocknete Champignons, 1 Petersilien- und 1 Kerbelblatt, 1 Lorbeerblatt, 5 Nelken, 5 Pfefferkörner, 2 Eßl. helles Mehl, 5 g Fleischextrakt, etwas Zitronensaft

Den gesäuberten Aal in Wasser gar kochen, dabei Wein, Salz und Gewürze zusetzen. Danach aus dem Mehl, dem Fleischextrakt und einem Teil der Fischbrühe, die vorher zu passieren ist, eine Soße kochen, mit Salz abschmecken und mit Zitronensaft schärfen. *(39)*

Junge Erbsen mit Stockfisch

Erbsen, Fleischbrühe, Butter, Mehl, Stockfisch (getrockneter Kabeljau), Petersilie, Salz

Erbsen in Fleischbrühe und Butter weichkochen, dazu gelbgeschwitztes Mehl mit Salz hinzufügen. Stockfisch von Haut und Gräten befreien, in Stückchen zerpflücken und in einem Stück Butter (weichgemacht) gut durchrühren. Stockfisch warmstellen, nicht schmoren!
Fisch mit Petersilie durchrühren und dann mit den Erbsen mengen. *(45)*

Schusterpastete (ein Rezept zur Resteverwertung)

gekochte Kartoffeln vom Vortag, übriggebliebenes Sauerkraut, 1 bis 2 Salzheringe, 1/4 ... 1/2 l Milch, 1 bis 2 Eier, Semmelmehl oder geriebener Käse, Butter

In eine gefettete Auflaufform in Scheiben geschnittene, gekochte Kartoffeln, gewässerte, in Stücke geschnittene Heringe und das Sauerkraut einschichten.
Milch und Ei verquirlen (die Menge kann je nach Menge der Auflaufmasse variiert werden) und über die Masse gießen. Das Ganze mit Semmelmehl oder geriebenem Käse bestreuen, mit Butterflöckchen belegen und etwa 30 ... 40 min in der Röhre backen. *(40)*

Einmarinierter Hering

800 g Salzheringe, 100 g Zwiebeln, 100 g Gewürzgurken, 1 l Dickmilch

Salzheringe entgräten und 24 h wässern. Zwiebeln und Gewürzgurke in feine Würfel schneiden und in die Dickmilch geben. Beim Anrichten das Filet mit der Soße überziehen. *(64)*

Ein marinierter Hering

Marinierter Hering mit Tomate und Apfel

4 Salzheringe oder 8 Matjesfilets, 1 Becher saure Sahne oder Joghurt, 2 saure Gurken, 2 Tomaten, 1 Apfel, 1 Zwiebel, frische Kräuter (Dill, Zitronenmelisse, Schnittlauch)

Aus Apfel, sauren Gurken, Tomaten, Zwiebelringen, Kräutern und Sahne oder Joghurt eine Marinade bereiten, die Matjesfilets hineingeben, mit Kaffeesahne oder Milch die gewünschte Menge Soße auffüllen.
Salzheringe 24 h wässern, ausnehmen, enthäuten und entgräten. Vor dem Verzehr das Ganze einige Stunden ziehen lassen. *(61)*

Marinierter Hering

Salzheringe, Sellerie, Möhren, Kohlrabi, Milch, saure Sahne, Crème fraîche, Salz, Essig, Zwiebeln, Zitrone, Lorbeerblätter, Pfefferkörner, Piment

Salzheringe wässern und putzen, Fischmilch zur Seite legen. Geschnittenes Gemüse: Sellerie, Möhren (in jedem Fall), eventuell noch Kohlrabi, in Salzwasser gar kochen und abkühlen.
Die Fischmilch schaben, mit Milch, saurer Sahne und Crème fraîche verrühren. Mit Salz und Essig abschmecken. Diese Soße über die Heringe und das Gemüse gießen, so daß alles bedeckt ist.
Dazu gibt man noch Zwiebeln, Zitronenscheiben, Lorbeerblätter, Pfefferkörner und Piment. 2 Tage ziehen lassen. Als Beilage Pellkartoffeln oder kräftiges Schwarzbrot geben. (Statt Salzheringen können auch Matjes verwendet werden.) *(71)*

Gebratene Heringe und Kartoffelbrei

Grüne Heringe putzen, salzen und säuern. In Mehl wälzen und in der Pfanne von beiden Seiten braten.
Dazu schmeckt am besten Kartoffelbrei. Wichtig: Der Hering schmeckt frisch aus der Pfanne vorzüglich.
Der Rest der nicht gegessenen Heringe wird zu Bratheringen verarbeitet:
Dazu folgender Sud: Essigwasser nach Geschmack mit Salz, Lorbeerblatt, Pfefferkörnern, Piment und Zwiebeln kochen, 2 Tage stehen lassen.
Dazu passen am besten Bratkartoffeln. *(71)*

Fleischgerichte

So manches brave Dierchen gann -
wenn's in de Pfanne wandert dann -
saachng: „Dei Lääm hadde ä Sinn,
wenn de in Saggsnworschd gommsd rin,
un wenn vom Gobb bis zu dn Fießn
hernachens Saggsn dich genießn!"
Vom feinsdn Fleesch bis hin zum Fädd,
da find' dr Saggse alles nädd.
Ob Haggse, Schniddsl un Rolladen,
ob Dorchgedrehtes, Silze, Bradn,
ob Wild, Gefliesch l, Innorein,
is eschal - schmeggng musses fein!

Gefülltes Leipziger Stadtsäckchen
Leipzig, Neues Rathaus
JORDAN

Schweinekotelett „Leipziger Scherbelberg“

4 Schweinekoteletts à 200 g, Salz, Pfeffer, 4 Eßl. Mehl, 60 g Margarine, 125 g geputzte Möhren, 125 g Erbsen, 125 g geputzter Blumenkohl, 125 g geschälter Spargel, 50 g Butter, 4 Morcheln, Salz, Zucker, 4 Krebse, 1/4 Bund Petersilie, 100 g tafelfertige Krebssuppe und 4 Portionen Petersilienkartoffeln

Gemüse in gebräuchliche Stücke schneiden und sortenweise dünsten. Krebse (da gekocht gehandelt) nur ausbrechen. Die Vorderkörper, auch Krebsnasen genannt, mit Semmel- oder Grießmasse füllen, das Fleisch aus den Schwänzen warmstellen. Die Koteletts klopfen, mit Salz und Pfeffer würzen, in Mehl wenden und in Margarine saftig braten. Gleichzeitig die vier Gemüse mischen und mit der tafelfertigen Krebssuppe sowie Salz und Zucker abschmecken. Das entstandene Leipziger Allerlei auf den gebratenen Koteletts als „Scherbelberg“ anrichten und je eine Krebsnase, eine gedünstete Morchel und einen Krebsschwanz daraufgeben. Als Beilage sind Petersilienkartoffeln geeignet. *(92)*

„Gefülltes Leipziger Stadtsäckchen“, umlegt mit gebackenen Kartoffeltalern

600 g Schweinefilet, 40 g Butter, 40 g Margarine, 400 g frische Champignons, 50 g Zwiebel, 150 g Kochschinken, 4 Wiener Würstchen, 1/4 Bund Petersilie, 4 Eßl. Tomatenketchup, Salz, Pfeffer, Alu-Grillfolie, 4 Portionen Kartoffeltaler

Aus Alu-Grillfolie (30 cm x 30 cm) vier offene Tüten bereiten. Dazu die Folie gleichmäßig über einen Flaschenboden falten. Vom Schweinefilet die silbrige Haut abziehen und danach in acht gleichgroße Medaillons schneiden. Diese klopfen, mit Salz und Pfeffer würzen und dann in der Margarine saftig braten.

In dem Bratenfett nun die gewaschenen und geschnittenen Champignons zusammen mit der feinwürflig geschnittenen Zwiebel sowie Salz und Pfeffer dünsten.

Nun alle Zutaten einfüllen. Zuerst ein kleines Stückchen Butter, darauf je 2 Medaillons pro Tüte, dann Champignons, gehackte Petersilie, Tomatenketchup, Kochschinken und obenauf je zwei halbe, an den Enden über Kreuz eingeschnittene Wiener Würstchen. Die Folietüten danach oben fest zusammenfalten, es entstehen Säckchen. Diese etwa 10 min in der vorgeheizten Backröhre bei mittlerer Hitze backen. Waren die Zutaten zwischenzeitlich erkaltet, dann die Säckchen etwa 25 min backen.

Zum Servieren die Säckchen auf einer Platte anrichten und mit rund ausgestochenen und in Fett gebackenen Kartoffelscheiben - den Talern - umlegen. Die Säckchen erst am Tisch öffnen, dabei entweicht ein verführerisch-appetitanregender Duft. *(92)*

Braumeistersteak

4 dicke Schweinesteaks, 80 g Schnittkäse, 80 g gekochter Schinken, 2 Eier, Semmelmehl, Pfeffer und Salz, 100 g Tafelöl, 250 g Möhren, 100 g Butter

In die Steaks Taschen einschneiden, diese mit gewürfeltem Käse und Schinken füllen, danach das Fleisch salzen, pfeffern, mit Eiern und Semmelmehl panieren und von beiden Seiten kräftig braten. Inzwischen kleingeschnittene Möhren anschwenken. Möhrengemüse neben den Steaks anrichten und dazu Röstkartoffeln servieren. *(3)*

Schweinebauch, altsächsisch

500 g Schweinebauch, Essig, Salz, 1 Lorbeerblatt, Gewürzkörner, 1 kleine Knolle Sellerie, 4 große Möhren, 2 Stangen Porree, 3 Zwiebeln, 1/2 l Brühe, 1 Teel. geriebenen Meerrettich, Petersilie, 1 kg Kartoffeln

Den Schweinebauch in Essigwasser mit etwas Salz, Lorbeer und den Gewürzkörnern kochen. Das Gemüse putzen, waschen, in feine Streifen schneiden und anbraten. Mit etwas Brühe weichdünsten. Den Schweinebauch in dicke Scheiben schneiden und auf flachen Tellern anrichten. Auf das Fleisch Gemüsestreifen mit etwas Brühe geben, darüber geriebenen Meerrettich und gehackte Petersilie. Mit Salzkartoffeln auftragen. *(10)*

Sächsisches Zwiebelfleisch

700 g Schweinshaxe, ein Wurzelwerk, 800 g Zwiebeln, 5 altbackene Semmeln, 2 Eßl. Margarine, 1 Eßl. Kümmel (zerkleinert), Salz, Zucker, Essig, Pfefferkörner, Maggi, ein kleines Lorbeerblatt

Das Fleisch waschen, mit Wurzelwerk, Pfefferkörnern, Salz und Wasser weichkochen. Zwiebeln in große Scheiben schneiden, in Margarine goldgelb andünsten; Brühe, einen Spritzer Essig, 1 Teel. Zucker, Kümmel und Pfeffer zugeben und alles weichdünsten. Die Semmeln in 1 cm dicke Scheiben schneiden, die gedünsteten Zwiebeln damit abdecken und mit Brühe auffüllen. (Die Brühe soll bis knapp an die Brötchenscheiben reichen.) Das gekochte Fleisch schneiden, auf die Brötchen legen, mit etwas Pfeffer bestreuen und darauf etwas Maggi träufeln. Danach den Zwiebel-Semmel-Fleisch-Ansatz 10 ... 12 min erhitzen.
Dazu reicht man Kartoffelklöße, Selleriesalat oder Rote-Bete-Salat. *(18)*

Sächsisches Zwiebelfleisch

Kaßler Koteletts auf Meißner Art

Zwiebelfleisch mit Kümmel

1,5 kg Schweinshaxe, Pfefferkörner, 2 Nelken, 1 Lorbeerblatt, 100 g Möhren, 100 g Petersilienwurzel, 300 g Zwiebeln, 60 g Schweinschmalz, 40 g Semmelbrösel, Kümmel, Zucker, Salz
Tip: Kümmel hacken

Die Schweinshaxe mit Pfefferkörnern, Nelken, Lorbeerblatt, geputzten Möhren sowie Petersilienwurzel bei schwacher Hitze 2 bis 2 1/2 Stunden leise kochen lassen. Dann das Fleisch herausnehmen und die Brühe durchseihen. Anschließend die Zwiebelscheiben in erhitztem Schmalz glasig braten und 1/4 l Brühe auffüllen. In diesem Sud die Zwiebeln etwa 20 min köcheln lassen, die Semmelbrösel einrühren und die Soße mit Salz, Pfeffer, Kümmel und Zucker abschmecken.
Danach die Knochen aus der Schweinshaxe lösen, das Fleisch portionieren und in der Soße warm halten.
Kartoffelköße runden das pikante Gericht ab. *(69)*

Zwiebelfleisch

500 g Dickbein, 250 g Zwiebeln

Das Dickbein vom Schwein mit genügend Zwiebeln kochen und mit Salzkartoffeln servieren (für 2 bis 3 Personen). *(9)*

Kaßlerkoteletts auf Meißner Art

400 g Kartoffeln, 1 große Zwiebel, 2 Eier, Salz, Kümmel, 4 Kaßlerkoteletts, Mehl, 1 Eßl. Schmalz

Die rohen Kartoffeln reiben, in einem Leinensäckchen ausdrücken und mit der geriebenen Zwiebel, den Eiern, etwas Salz, und gehacktem Kümmel verrühren. Die Koteletts klopfen, im Mehl wälzen und mit der Kartoffelmasse umhüllen, in heißem Schmalz garen und mit Tomatenketchup, Rettichsalat und einem Glas Bier servieren. *(53)*
Tip: Die Koteletts vor dem Braten mit einer Mischung aus Senf, Öl und Pfeffer bestreichen und 1 bis 2 Stunden ziehen lassen.

Gern sticht die Gabel in den Braten, der in der Pfanne gut geraten.

JORDAN
Schusterpfanne

Eisbein zum Abendbrot

1 Eisbein, 1 Wurzelwerk, 1 Zwiebel, 1 Lorbeerblatt, 4 bis 6 Gewürzkörner, Salz

Das Eisbein mit Wurzelwerk, Zwiebel, Lorbeerblatt, Gewürzkörnern und Salz in reichlich siedendem Wasser gar kochen. Danach abkühlen lassen, das Eisbein auslösen und im Grill nachbraten.
Mit Meerrettich auf Brot anrichten und dazu einen Gemüsesalat reichen. *(58)*

Schusterpfanne

700 g Schweinekammfleisch, Salz, Pfeffer, 50 g Butter oder Margarine, 1 Eßl. Kümmel, 750 g Kartoffeln, 500 g kleine, nicht zu reife Birnen, 1/2 Eßl. gekörnte Brühe

Das gewaschene und gut abgetrocknete Schweinefleisch mit Salz und Pfeffer einreiben und mit Butter oder Margarine in einer Schmorpfanne bei mittlerer Hitze unter öfterem Wenden von allen Seiten anbraten. Etwas Wasser zugießen, zudecken und schmoren lassen. Nach 1 Stunde den gehackten Kümmel darüberstreuen. Dann die geschälten, in Scheiben geschnittenen rohen Kartoffeln und die vorbereiteten Birnenviertel in die Pfanne geben und zugedeckt anrösten lassen. 3 Tassen Brühe zugießen, leicht salzen und zugedeckt weitere 30 min schmoren. *(63)*

Presseler Fuhrmannspfanne

800 g Eisbein, Grillkräuter, vier kleine Schweinesteaks à 80 g, 4 Scheiben Schinkenspeck à 40 g, 4 kleine Würstchen à 25 g, 600 g Sauerkraut, 100 g Zwiebeln, 6 Wacholderbeeren, etwas Zucker und weißen Pfeffer, 1,2 kg Kartoffeln, 200 g Zwiebeln, 150 g Speiseöl, Salz, Pfeffer, Kümmel

Eisbein braten (rund 2 h) und dabei mit Salz und Grillkräutern würzen.
Das Sauerkraut erhitzen und die in Würfel geschnittene und in wenig Öl angeschwitzte Zwiebel sowie die gestoßenen Wacholderbeeren zugeben. Mit einer Prise Pfeffer und etwas Zucker geschmacklich abrunden.
Die vorbereiteten Schweinesteaks, den Schinkenspeck und die Würstchen auf dem Grill oder in der Pfanne braten.
Die Kartoffeln (möglichst stärkearme Sorten verwenden), in der Schale kochen, abpellen, nach dem Erkalten in Scheiben schneiden und zusammen mit den gewürfelten Zwiebeln braten. Mit Salz und Pfeffer würzen, nach Belieben Kümmel zugeben.

Fuhrmanns-
pfanne aus
der Dübener
Heide

Mit Zutaten gefällig anrichten. Dabei die Steaks mit gerösteten Zwiebeln bestreuen, zum Eisbein Sahnemeerrettich geben. *(44)*

Oberlausitzer Schweinshaxe

2 Eisbeine, 200 g Gehacktes, 50 g Sauerkraut, 1 Ei, 20 g Semmelmehl

Die ausgelösten Eisbeine mit Hackfleischmasse, bestehend aus Gehacktem, Sauerkraut, Ei und Semmelmehl, füllen und wikkeln, in der vorgeheizten Röhre schmoren.
Die Soße (etwas Wurzelwerk mit anbraten) mit Mehl binden und mit Sahne verfeinern. Dazu Klöße oder Semmelknödel reichen. *(64)*

Glacierte Schweinshaxe mit Sauerkraut und Kartoffelmus

2 Schweinshaxen à 800 g, 50 g Speiseöl, 100 g Zwiebeln, 50 g Möhre, 50 g Sellerie, 600 g Sauerkraut, 150 g Zwiebeln, 50 g Speiseöl, etwas Pfeffer und Zucker, 1,2 kg Kartoffeln, 1/4 l Buttermilch, 50 g Butter, 30 g Kräuter (Schnittlauch, Petersilie), Majoran

Die Schweinshaxen in einer passenden Pfanne unter öfterem Begießen mit dem eigenen Saft in der Röhre knusprig braun braten (etwa 2 h). Im letzten Drittel des Bratens grob gewürfelte Zwiebel, Sellerie und Möhre zugeben und den Bratenfond mit etwas Wasser ablöschen. Die fertig gebratenen Haxen aus der Pfanne nehmen und die Soße mit braunem Soßenbinder versetzen.
Das Sauerkraut nicht zu weich kochen, die in etwas Öl angeschwitzten Zwiebeln zugeben und mit Majoran, einer Prise Pfeffer und etwas Zucker abschmecken.
Für das Kartoffelmus Salzkartoffeln kochen, Kochwasser abgießen und die Kartoffeln durch eine Presse drücken. Buttermilch und Butter zugeben und das Ganze ordentlich pürieren. Dabei die gehackten Kräuter zugeben. Beim Anrichten das Kartoffelmus auf die Teller dressieren und die Haxen auf einer Platte servieren. *(44)*

Pökelbraten

600 g Pökelfleisch (Schweinekamm), 40 g Margarine, 2 Zwiebeln, 2 Möhren, 40 g Mehl, 50 g saure Sahne

Das Pökelfleisch (falls erforderlich 2 … 3 h wässern) in heißer Margarine anbraten, die Zwiebeln und Möhren grob zerschneiden, dazugeben und in der Röhre gar schmoren. Die Soße mit Mehl binden und mit saurer Sahne verfeinern. Dazu Kartoffelklöße servieren. *(64)*

Schweinesteak nach Oberlausitzer Art

500 g Schweinskotelett, ausgelöst, 200 g Äpfel, 200 g Zwiebeln, 40 g Öl, Salz, Pfeffer

Die Schweinekoteletts auslösen, in 4 Steaks schneiden und in Öl anbraten. Dann mit Salz und Pfeffer würzen, durchbraten. Äpfel schälen, Kerngehäuse entfernen, in Scheiben schneiden und anschwitzen. Zwiebeln in Scheiben schneiden, zu den Äpfeln geben, alles zusammen schwitzen lassen und über den gebratenen Steaks anrichten. Dazu Bratkartoffeln reichen. *(64)*

Bauernkotelett auf Kartoffelpuffer

800 g Kartoffeln, 1 Ei, 30 g Mehl, Salz, Kümmel, Pfeffer, 200 g Zwiebeln, 80 g Öl, 600 g Schweinskotelett, 40 g Schmalz, 80 g Speck

Kartoffeln schälen, reiben und mit Ei, Mehl, Salz, Kümmel und Zwiebelwürfeln zu einem Teig verarbeiten.
Daraus in einer Pfanne mit heißem Öl 4 knusprige Kartoffelpuffer braten. An den Koteletts nur den Rippenknochen belassen, das Fleisch klopfen, mit Salz und Pfeffer würzen und in Schmalz saftig braten.
Je ein Kotelett auf einem Kartoffelpuffer anrichten und das Gericht mit einem gebratenen Speckkamm garnieren. *(69)*

Schweinebauch

500 g Schweinebauch, 3 Eßl. Essig, 1 Lorbeerblatt, Salz, 100 g Sellerie, 300 g Möhren, 200 g Porree, 300 g Zwiebeln, 500 g Brühe, 50 g Meerrettich, 1 kg Kartoffeln

Den Schweinebauch mit Salz, Lorbeerblatt und den Gewürzkörnern in Essigwasser kochen. Das geputzte, gewaschene Gemüse in feine Streifen schneiden, anbraten und mit etwas Brühe dünsten. Nun den Schweinebauch in dicke Scheiben schneiden, diese auf einem flachen Teller anrichten, darüber die Gemüsestreifen und etwas Soße sowie frisch geriebenen

Meerrettich geben und über alles gehackte Petersilie streuen. Den Schweinebauch mit Salzkartoffeln auftragen. *(69)*

Schweinebraten

1 kg Schweinebraten, 50 g Fett, Salz, 1 Zwiebel, 2 Lorbeerblätter, 5 Gewürzkörner, 5 Pfefferkörner, Brotrinde, Zitronenschale, 1 Tasse Bier, 1 Tasse Wasser

Das Schweinefleisch in Fett von allen Seiten anbraten, dann mit Salz, Zwiebel, Lorbeerblättern, Gewürz- und Pfefferkörnern, Brotrinde, Zitronenschale, Bier und Wasser ansetzen und garen. Den Fond mit Soßenbinder abbinden. Als Beilage Salzkartoffeln oder Kartoffelklöße mit Sauerkraut reichen. *(71)*

Rückgratsknochen und Meerrettichsoße

1,5 kg Rückenknochen oder Rippchen (gepökelt) vom Schwein, 1 Zwiebel, 1 Zehe Knoblauch, 1 Ei, Meerrettich (konserviert oder frisch), 1 Lorbeerblatt, 1 Pimentkorn, Pfeffer

Die Knochen bzw. Rippchen in etwa 1 l Wasser mit Zwiebel, Knoblauch, Lorbeerblatt, Pimentkorn und Pfeffer gar kochen. Den Meerrettich mit dem Ei verquirlen und mit kochender Brühe auffüllen. Nicht kochen lassen, weil sonst das Ei ausflockt und der Meerrettich an Würzkraft verliert. Frischen Meerrettich in kleine Stücke schneiden, im Mixer mit einem Ei und einer Tasse Brühe zu einer Paste verarbeiten, diese dann mit Fleischbrühe entsprechend verdünnen. Als Beilage eignen sich Klöße (sowohl aus gekochten als auch aus rohen Kartoffeln). *(61)*

Selbstgebeizter Schinken aus Großmutters Küche

Man kauft dazu Fleisch von jungen, gut gemästeten Schweinen. Das Fleisch von unten am Bein entlang mit einem Kochlöffelstiel lockern und 1 Kaffeelöffel Salz in diese Öffnung drücken. Außen den Schinken mit Zucker einreiben.

Das so vorbereitete Fleisch 12 … 16 h abliegen lassen und dann in die Beize (folgendes Rezept) geben. Mit einem Brett beschweren und täglich wenden. Große Schinken legt man 10 bis 14 Tage ein, kleine Schinken sind nach 10 Tagen gut. Nach dem Abtropfen läßt man den Schinken in einer Fleischerei räuchern.

Um den beißenden Geschmack des Rauches zu mildern, kann man den gebeizten Schinken vor dem Räuchern in gebrühter Weizenkleie wälzen.
Den geräucherten Schinken in einem Leinensack in einer kühlen Kammer hängend aufbewahren, wo er sich 6 bis 8 Wochen hält. *(27)*

Flüssige Schinkenbeize für 8 kg Fleisch

6 l Wasser, 150 g Zucker, 15 g Thymian, 20 g Majoran, 10 g Koriander, 20 g Nitritpökelsalz, 10 g Pfeffer, 20 g Wacholderbeeren, 3 bis 6 Lorbeerblätter, 800 g Salz

Die Gewürze zerkleinern, 10 min in Salzwasser kochen und abkühlen lassen. Wenn weniger Schinken bereitet werden soll, muß die Beize dem Gewicht des Fleisches entsprechen und neu berechnet werden.
Es ist auch möglich, in die Beize einen Schweinekamm oder vier bis sechs Schweinszungen mit einzulegen, die bereits nach 4 bis 6 Tagen ihre Reife erlangen.
Den gebeizten Schweinekamm gibt man mit Kartoffelklößen und Sauerkraut auf den Tisch.
Die bis 2 Stunden lang gekochten Schweinszungen schälen, in Scheiben schneiden, mit brauner Butter übergießen und mit Salzkartoffeln und Mischgemüse anrichten. *(27)*

Faschiertes Schnitzel mit Blumenkohl, Salzkartoffeln und Frischobst

200 g mageres Schweinefleisch, 50 g Semmelmehl, 1 Ei, 50 g Bratfett, 50 g Bratmargarine, 1 frischer Blumenkohl, 400 g Kartoffeln, 1/2 l Soße, Salz, Pfeffer, Muskat

Das Fleisch durch den Wolf drehen und zu einem Laib kneten, diesen leicht anfrieren und daraus Scheiben in Form eines Schnitzels schneiden. Die Scheiben mit Salz und Pfeffer würzen, in Ei und Semmelmehl wälzen und dabei leicht klopfen. Nun in Bratfett langsam knusprig braten.
Den Blumenkohl in Salzwasser garen. Danach in Bratmargarine (oder Butter) leicht anbraten und dabei mit Muskat und Semmelmehl überstäuben.
Die Salzkartoffeln wie üblich zubereiten. Das fertige Gericht (für zwei Personen berechnet) mit der Soße servieren und frisches Obst der Saison beigeben. *(21)*

Sülze

1 gepökeltes Eisbein, 2 kleine Zwiebeln, 5 Pimentkörner, 50 g Möhren, 50 g Erbsen, 100 g Gewürzgurke, 100 ml Weißwein, u.U. Gelatine

Eisbein, Zwiebeln und Pimentkörner in reichlich Wasser kochen. Das weichgekochte Eisbein in kleine Würfel schneiden. Erbsen und gewürfelte Möhren kochen und zum Eisbein geben. Die Gewürzgurke in feine Streifen schneiden, unterrühren und alles aufkochen lassen. Mit Weißwein abschmecken (evtl. mit Gelatine binden). In Portionsschälchen füllen, erstarren lassen und beim Anrichten stürzen. Als Beilage bevorzugt Bratkartoffeln verwenden. *(64)*

Omas Schüsselsülze

1 kg Schweinskopf, 750 g Spitzbein, 2 Zwiebeln, 2 Lorbeerbläter, 1 Teel. Majoran, 2 Möhren, 1 Glas Weißwein, 1/2 Röhrchen Kapern, 4 bis 5 Gewürzgurken, ein Wurzelwerk

Den gut gewaschenen Schweinskopf und die Spitzbeine reichlich mit Wasser bedecken und kochen. Wurzelwerk, Lorbeerblätter, Majoran, Salz und Pfeffer hinzugeben. Das Fleisch so lange garen, bis es sich vom Knochen löst. Die Möhren etwa 30 min mitkochen. Die Brühe abseihen, etwas Fett abschöpfen, den Weißwein zugießen und so lange kochen, bis nur noch 1/2 l Flüssigkeit verbleibt. Inzwischen das vom Knochen gelöste Fleisch sowie die Möhren und Gurken in Würfel schneiden, die Kapern dazugeben und alles mischen. Die Zutaten entweder in Portionsschälchen verteilen oder in eine große Schüssel geben. Darüber die Brühe gießen und erkalten lassen (ab und zu umrühren!). Die fertige Sülze (reicht für 4 bis 6 Personen) mit Tomaten-, Radieschen- und/oder Gurkenscheiben sowie Petersilie garnieren und mit Röstkartoffeln oder Graubrot servieren. *(25)*

Blinder Hase

1 Pfund Schweinefleisch (Nackenstück), je 1/4 Pfund Rind, Hammel, Kalb; Pfeffer, Salz, Muskatnuß, geriebene und eingeweichte Semmel, 5 Sardellen, 1 Zwiebel, 5 Eßl. Wasser, 5 Eßl. Sahne, 5 g Fleischextrakt, 100 g Speckscheiben, 50 g Butter

Alle vier Fleischsorten fein wiegen, mit Salz, Pfeffer, Zwiebeln und Muskatnuß würzen, Ei, Semmel, gewiegte Sardellen, Wasser und Sahne dazugeben und alles vermengen. Die Masse zu einem länglichen Braten formen und in Speck und Butter braten - dabei häufig begießen. Später kochendes Wasser zur Soße geben, Fleischextrakt und Sahne noch 15 min mitkochen lassen. (Rezept für 5 Personen). *(39)*

Dieses und andere Rezepte mit der Nummer *39* stammen aus einem Kochbuch von Justus von Liebig um 1860. Deshalb kommt in all diesen Rezepten der nach ihm benannte Fleischextrakt („Liebigs Fleisch-Extract") vor.

Sauerbraten nach Tante Anna

1250 g Rinderschmorfleisch, 100 g Pflanzenhartfett, 2 Eßl. Tomatenmark, 2 Eßl. Mehl, 2 Eßl. Zucker, 1 Packung Soßenpfefferkuchen oder 3 Scheiben Schwarzbrot, Wurzelwerk (von der Marinade), etwa 3/4 l durchgeseihte Marinade (s. unter „Marinaden und Eingelegtes"), Salz, Pfeffer

Das Fleisch aus der Marinade nehmen, abtropfen lassen und mit Salz und Pfeffer würzen. In stark erhitztem Pflanzenfett anbraten. Dann die Gemüsewürfel aus der Marinade zufügen und 3 ... 4 min im Bratfett dünsten. Das Wurzelwerk mit Zucker bestreuen, den Zucker leicht bräunen lassen und anschließend das Tomatenmark zugeben. Alles kurz durchrösten und mit 1/8 l durchgeseihter Marinade auffüllen. Zugedeckt dünsten und Bratensaft ziehen lassen. Nach 1/2 Stunde, wenn die Flüssigkeit in der Pfanne fast eingeengt ist, den Ansatz mit Mehl bestäuben, kurz durchrösten und mit etwa 1/2 l Marinade oder Brühe und 1/4 l Wasser auffüllen. Zugedeckt unter öfterem Übergießen des Bratens und Nachfüllen der Flüssigkeit bei etwa 200 °C in der Röhre etwa 2 1/2 Stunden gar schmoren. Den in 1/4 l lauwarmer Marinade geweichten und verquirlten Soßenpfefferkuchen der Sauerbratensoße beigeben und unter Rühren aufkochen. Das weiche Fleisch herausnehmen, die Soße abschmecken, durch ein Sieb gießen und sehr heiß über die Sauerbratenscheiben gießen. *(1)*

Blinder Hase

Sächsischer Sauerbraten

800 g Rinderschmorbraten, 1/2 l Buttermilch, 1 mittelgroße Zwiebel, 2 Lorbeerblätter, 8 Wacholderbeeren, 50 g Bratfett (Marina), 1 dicke Scheibe Schwarzbrot, 50 g Speck, 1/2 l Rinderbrühe, Salz, Pfeffer, Zucker, Soßenbinder, dunkel, 1/8 l saure Sahne

Rindfleisch sauber verputzen, Fettanteile und Sehnen entfernen, dabei das Fleisch nicht zerschneiden. Anschließend Fleisch kalt waschen und trockentupfen. Zwiebel schälen und in Ringe schneiden, Wacholderbeeren zerdrücken. In eine irdene Schüssel die Hälfte der Zwiebelringe, 4 Wacholderbeeren, 1 Lorbeerblatt und 1/4 l Buttermilch geben. Das Fleisch einlegen und den Rest der Gewürze, Zwiebelringe und Buttermilch daraufgeben (Fleisch muß vollständig von der Marinade bedeckt sein). Die Schüssel mit einem Teller abdecken und im Sommer 3 Tage bzw. im Winter 3 bis 4 Tage an einem schattigen Platz in der Küche abstellen.
Danach das Fleisch aus der Marinade nehmen, kalt waschen und trockentupfen. Mit Salz und Pfeffer kräftig einreiben. Die Marinade durchseihen und aufbewahren. Bratfett erhitzen und Fleisch ringsherum dunkel (kroß) anbraten. 1/3 der Marinade seitlich angießen und kräftig einschmoren lassen. Die restliche Marinade auf die gleiche Weise aufbrauchen. Nun 1/2 l Rinderbrühe angießen und das etwas zerkleinerte Schwarzbrot zugeben. Anschließend den in dünne Scheiben geschnittenen Speck auf das Fleisch legen, den Topf verschließen und 1 1/2 Stunden bei geringer Hitze schmoren. Das Fleisch herausnehmen und auf einem Teller abkühlen lassen. Inzwischen den Sud passieren, entfetten (wenn erforderlich) und saure Sahne zugeben. Mit einem Schneebesen den Soßenbinder einrühren, aufkochen lassen und mit Zucker pikant abschmecken. Das Fleisch in Scheiben schneiden und in der Soße erwärmen. Dazu passen „Dresdener Kartoffelklöße“ (siehe unter „Kartoffelgerichte“). *(32)*
Bei weiteren Varianten dieses Gerichtes fügt man der Soße Rosinen zu *(64)*, kocht die Marinade auf und läßt sie vor dem Einlegen des Fleisches abkühlen *(61, 64, 76)* oder gibt beim Anbraten Möhren, Sellerie und Zwiebel zu *(61, 76)*.

Es hat nicht jeder Fleisch gegessen, der in den Zähnen stochert.

Sauerbraten mit Rotkraut und Salzkartoffeln

800 g mageres Rindfleisch, 5 Gewürzkörner, 4 Pfefferkörner, 2 Nelken, 3 Lorbeerblätter, 1 Möhre, gewürfelt, 1 Zwiebel, 1 Stück Soßenpfefferkuchen, Zucker, Essig, Salz, Wasser

Das Fleisch mit den Gewürzen und dem Gemüse in einen Topf geben, mit Wasser auffüllen, bis das Fleisch bedeckt ist, anschließend 2 Tage stehen lassen. Danach das Fleisch aus der Marinade nehmen und braun anbraten. Marinade zum Kochen bringen und das angebratene Fleisch zugeben und gar kochen. Fleisch aus dem Sud nehmen, Soße passieren und den vorher in Wasser eingeweichten Pfefferkuchen dazugeben, nochmals aufkochen.
Das in Scheiben geschnittene Fleisch mit Salzkartoffeln und gekochtem Rotkraut servieren. *(60)*

Rouladen

4 Rouladen, 4 Scheiben Schinkenspeck, Senf, Salz, Pfeffer, 2 Zwiebeln, 3 Eßl. Öl, 1 Teel. Kartoffelmehl oder Soßenbinder für braune Soße

Die Rouladen salzen, pfeffern und mit Senf bestreichen, mit Schinkenspeck und Zwiebelringen belegen, zusammenrollen und mit Rouladennadeln oder Haushaltzwirn fixieren. In einer Kasserolle Öl erhitzen und die Rouladen ringsherum braun anbraten, im gleichen Topf Zwiebelwürfel goldbraun braten. Mit Fleischbrühe oder Wasser auffüllen und etwa 2 h schmoren lassen. Getrocknete Pilze verfeinern das Gericht. Sind die Rouladen weich, wird die Soße mit Kartoffelmehl in etwas kaltem Wasser oder einem fertigen Soßenbinder tischfertig gemacht. Salzkartoffeln oder „Grüne Klöße“ sind die beliebtesten Beilagen. *(61)*

Rouladen mit Hackfleischfüllung

4 Rinderrouladen, 500 g Gehacktes, 2 Zwiebeln, 2 Eßl. Senf, Salz, Pfeffer, 1 Eßl. Edelsüßpaprika, Bratmargarine, 1 Wurzelwerk, 400 ml Brühe, 1 Teel. Stärkemehl, 100 ml saure Sahne

Die Rouladen klopfen, salzen und pfeffern. Aus Gehacktem, Zwiebeln, Senf, Salz und Edelsüßpaprika eine Hackmasse bereiten und diese auf die Rouladen streichen. Das Fleisch einrollen, zusammenbinden und in Margarine ringsherum anbraten. Wurzelwerk grob würfeln und zugeben. Die Rouladen gar schmoren. Für die Soße das Stärkemehl kalt anrühren und in die Brühe einquirlen, die saure Sahne zugeben, aufkochen und abschmecken. *(58)*

Rinderroulade nach sorbischer Art

600 g Rouladenfleisch, 60 g Speck, 60 g Zwiebeln, 60 g Gewürzgurke, 40 g Meerrettich, Salz, Pfeffer, 40 g Margarine, 1 l Brühe, 1 Wurzelwerk, 40 g Mehl, Gewürzgurke und Meerrettich (zum Garnieren)

Aus dem Fleisch 4 Rouladen schneiden. Diese mit Speckstreifen, gehackten Zwiebeln, Gurkenstreifen und Meerrettich füllen, mit Pfeffer und Salz würzen. Die Rouladen wickeln und in der Margarine anbraten. Mit Brühe angießen und in der Röhre schmoren. Die Soße mit Mehl binden. Beim Anrichten die Rouladen mit Gewürzgurke und Meerrettich garnieren.
Dazu Kartoffelklöße reichen. *(64)*

Rindfleisch in Meerrettichsoße

500 g Rindfleisch, 1 Möhre, 1 Zwiebel, Petersilie, Sellerie, Salz, 50 g Margarine, 50 g Mehl, etwas Milch, 0,25 l Brühe, Meerrettich

Das Rindfleisch zusammen mit Möhre, Zwiebel, Petersilie, Sellerie und Salz in etwa 1 l Wasser gar kochen. Die Margarine auslassen und das Mehl anstäuben, die Mehlschwitze mit etwas Milch ablöschen und mit der Brühe auffüllen. Nach dem Aufkochen mit Salz und Meerrettich abschmecken. Das in Würfel geschnittene Rindfleisch in die Soße geben, aufkochen lassen. Beim Servieren mit reichlich Meerrettich garnieren.
Mit Salzkartoffeln oder Graubrot reichen. Dieses Gericht ist Bestandteil des sorbischen Hochzeitsmahls. *(64)*

Rinderbraten

1 kg Rindfleisch, 80 g Speck, 50 g Butter oder Margarine, 2 Möhren, 1 Zwiebel, Salz, Pfeffer, 1 Teel. Senf, 3/4 l Knochenbrühe aus 500 g Markknochen, wenig Mehl

Das Fleisch waschen, trockentupfen und mit keilförmig geschnittenen Speckstreifen spicken. Danach Salz und Pfeffer darüberstreuen und mit dem Senf bestreichen. In Butter oder Margarine zusammen mit der kleingeschnittenen Zwiebel anbraten, mit Knochenbrühe auffüllen und fertigbraten, dabei immer wieder Brühe nachfüllen und die in Streifen geschnittenen Möhren zugeben. Die Soße mit etwas Mehl andicken. Den Braten vorzugsweise mit grünen Klößen reichen. *(67)*

Pfaffenschnitzel

500 g Rindslende, Salz, Pfeffer, 3 Sardellen, 1/2 Zitrone, 1 Zwiebel, 1 Eßl. gehackte Kräuter (Basilikum, Petersilie, Estragon, Thymian), Mehl, 125 g Butter, 4 Eßl. Öl, 1/8 l Rotwein, 1/8 l Fleischbrühe

Die Rindslende in 4 Scheiben schneiden, klopfen, salzen, pfeffern und mit Zitronensaft beträufeln. Nun eine Paste aus fein gewiegten Zwiebeln, Sardellen, einer Zitronenscheibe und Kräutern bereiten, damit jeweils eine Seite der Lendenscheiben bestreichen und mit Mehl bestreuen. In einer flachen Pfanne die Butter heiß werden lassen, die Fleischscheibe mit der Kräuterseite nach oben hineinlegen und das Fleisch während des Anbratens mit heißem Öl begießen. Nach etwa 2 min das Fleisch vorsichtig wenden, anschließend nochmals. Zuletzt Rotwein und Fleischbrühe zugießen, einmal aufkochen lassen und das Gericht sofort auftragen. Als Beilage ist Kartoffelpüree besonders zu empfehlen. *(69)*

Rindfleisch mit Rosinensoße

500 g Rindfleisch, 300 g Rosinen, 200 g Mehl, Zucker, Essig

Rindfleisch mit Rosinen - knapp mit Wasser bedeckt - kochen. Mehl in Tiegel ohne Fett bräunen. Mit Brühe oder Wasser anrühren, Zucker und Essig nach Belieben zugeben. Das in Scheiben geschnittene Rindfleisch und Rosinen hineingeben und das Ganze mit Salzkartoffeln servieren. *(9)*

Leipziger Filetsteak, mit Ei überbacken

4 bis 6 Rinderlendenstücke zu je 125 g, 150 g Schabefleisch, 1 kg Kartoffeln, 5 bis 6 Eßl. Öl, 4 mittlere Zwiebeln, 4 Eßl. Tomatenketchup, 4 bis 6 Eier, Salz, Pfeffer, Lorbeerblatt, Knoblauch, Zitrone

Die Rinderlendenschnitten nicht sehr stark klopfen und in eine Marinade aus Öl, Salz, Pfeffer Zitronensaft, wenig zerdrücktem Knoblauch und einem Lorbeerblatt einlegen. Die Zwiebel in Scheiben schneiden, mit den geschälten, ebenfalls in dünnen Scheiben geschnittenen rohen Kartoffeln mischen. Diese Mischung in Öl anbraten, mit Salz und Pfeffer würzen. Unter häufigem Schwenken garen und kurz vor dem Fertigwerden den Tomatenketchup unterrühren.
Mit dieser Mischung den Boden einer feuerfesten Form oder Platte bedecken (nach der Mitte zu erhöhen), die zart und saftig (rosa) gebratenen Filetstücke darauf anordnen, das wie üblich zubereitete Schabefleisch (je Person etwa 30 g) rund

geformt und mit einer leichten Vertiefung in der Mitte auf die Steaks geben, darauf wiederum das rohe Ei schlagen, so daß das Eigelb in die kleine Vertiefung kommt und das Eiklar über das Schabefleisch und das Steak läuft.
Die so vorbereiteten Steaks auf den Zwiebelkartoffeln im Grill oder im Backofen mit Oberhitze soweit überbacken, daß das Eiklar leicht stockt bzw. weißlich wird.
Dazu Kopfsalat, aber auch Gurkensalat oder Rapunzeln auf den Tisch bringen. *(17)*

Radeberger Braumeistersteak

1 kg Rinderbrust, 4 Zwiebeln, 1/2 Flasche Radeberger Pils, 4 Scheiben Pumpernickel, 10 g Margarine (Sonja), 1 Eßl. Tomatenmark, Wurzelwerk, Salz, Pfeffer, Worcestersoße, Lorbeerblatt, Kümmel, Majoran

Die Rinderbrust mit wenig Wasser, Salz, Lorbeerblatt und Wurzelwerk nicht zu weich kochen. Die in Scheiben geschnittenen Zwiebeln in der Margarine hellbraun anschwitzen, das Fleisch hinzufügen und mit Brühe auffüllen, bis es gerade bedeckt ist, den feingehackten Pumpernickel und das Tomatenmark hinzugeben, mit Salz, gehacktem Kümmel und wenig Majoran würzen und zusammen 10 min kochen lassen. Vom Herd nehmen und mit dem Bier geschmacklich abrunden.
Dazu Knödel oder Klöße mit Krautsalat servieren. *(17)*

Rindsfilet in Sahnesoße

1 kg Rinderfilet, Salz, 1 Zwiebel, 1 Glas trockener Weißwein, 1 Blumenkohl, 1/8 l Sahne, 2 Eigelb, 1 Eßl. Butter, 1/2 Eßl. Mehl

Einen Tontopf (Römertopf) wässern. Das Fleisch mit Salz einreiben, in den Topf legen. Den Wein und die ganze Zwiebel dazugeben. In den kalten Ofen schieben und bei 220 °C etwa 1 1/4 bis 1 1/2 h garen. Den gut gewaschenen, in Röschen zerteilten Blumenkohl dämpfen. Das Fleisch aus dem Ofen nehmen, in Scheiben schneiden und auf einer Platte warm halten.
Die Flüssigkeit in einen Topf gießen, in dem vorher aus der Butter und dem Mehl eine helle Schwitze bereitet wurde. Die Sahne und die Eigelbe dazugeben und auf kleiner Hitze sämig rühren (nicht kochen).
Den Blumenkohl und das Fleisch anrichten, einen Teil der Soße darübergießen, den Rest extra servieren. Als Beilage Kartoffelkroketten oder -bällchen verwenden. *(35)*

Rittersgrüner Senffleisch

600 g Rinderbrust,
250 g Gewürz- oder Senfgurken,
3 Eier, 1 Stange Porree oder
2 bis 3 Zwiebeln, 4 Eßl. Senf,
2 Eßl. Kondensmilch, 2 Eßl. Öl,
Salz, Pfeffer, Worcestersoße,
Schnittlauch

Die Rinderbrust mit Wurzelwerk, Zwiebeln und Lorbeerblatt kochen, erkalten lassen, in Scheiben schneiden, auf Portionstellern oder einer Platte anrichten, mit grobgehacktem Ei bestreuen, Streifen von Porree oder Zwiebelscheiben daraufgeben, mit einer Würzsoße aus kleinen Gurkenwürfeln, Senf, Kondensvollmilch, Öl, Salz, Pfeffer und Worcestersoße übergießen und mit gehacktem Schnittlauch bestreuen. Dazu Schwarzbrot reichen. *(1)*

Sächsisches Senffleisch

600 g Rindfleisch, 3 große Zwiebeln, 3 Scheiben Schwarzbrot oder Pumpernickel, 1 Salatgurke, 2 Eßl. scharfer Senf, Pfeffer, Kümmel, Selleriesalz, Küchenkräuter, 1 Nelke

Fleisch in große Würfel schneiden, salzen, pfeffern, mit Kümmel würzen und mit soviel Wasser ansetzen, daß das Fleisch knapp bedeckt ist, die zerstoßene Nelke, das Selleriesalz und die geschnittenen Zwiebeln zugeben und alles zugedeckt garen lassen. Salatgurke schälen, würfeln und mit geriebenem oder feingehacktem Brot dem Fleisch - wenn es gar ist - zugeben. Dann alles aufkochen, bis die Soße schön sämig geworden ist. Zum Schluß Senf und gehackte Küchenkräuter dazugeben. Kraut-, Sellerie- oder Rote-Bete-Salat dazu reichen. *(18)*

Gulasch mit geschmorten Gurken

750 g Rindergulasch (oder mit Schwein gemischt), 2 Zwiebeln, 2 Tomaten, 4 Eßl. Öl, Salz, Pfeffer,
600 g Schmorgurken, 2 Tomaten, 4 Eßl. Öl, 3 Eßl. frisch gehackte Kräuter nach Wahl, 1 Zwiebel, Salz

Im Schnellkochtopf 4 Eßl. Öl erhitzen, die gewürfelten Zwiebeln anrösten, das Fleisch scharf anbraten. Mit knapp 2 Tassen Wasser ablöschen, Salz, Pfeffer und die enthäuteten Tomaten zugeben. Topf schließen und 15 min braten lassen.
Die Gurken waschen, Stiele entfernen, wenn nötig schälen, vierteln und in fingerlange Stücke schneiden. Das Öl in einer Pfanne oder einem Topf erhitzen. Die in Ringe geschnittene Zwiebel anbraten, Scheiben der enthäuteten Tomaten zugeben, die Gurken und das Salz hinzufügen. Etwa 20 min zugedeckt dünsten lassen. Nach Wunsch mit Soßenbinder binden. Zuletzt die Kräuter untermischen.
Als Beilage dienen Salzkartoffeln. *(35)*

„Bürgerlich nach Art des Königs“

250 … 300 g Rindfleisch, 1 kg Zwiebeln, 500 g Schweinerippen, 3 bis 4 altbackene Brötchen, 80 g Butter, 1 Prise Salz, Thymian und Pfeffer, reichlich Kümmel

Grob gehackte Zwiebeln mit Butter anbraten, dann mit wenig Wasser (sollen nur eben bedeckt sein) dünsten.
Rippchen extra mit Salz und Pfeffer durchkochen.
Brötchen und Rindfleisch in Scheiben schneiden, zuerst die Fleischscheiben auf die Zwiebeln legen und mitdünsten; wenn das Fleisch gar ist, Brötchenscheiben darauf legen und Rippenbrühe zugeben (nicht zuviel, lieber nachgießen) und kochen lassen.
Wenn alles gut durchgekocht ist, umrühren und würzen.
Dieses Gericht soll das Lieblingsessen des letzten sächsischen Königs Friedrich August III. gewesen sein. *(68)*

Kochklops mit Gurkensoße und Salzkartoffeln

200 g Hackmasse, 1 Brötchen, 1/2 Zwiebel, 1 Ei, 3 saure Gurken, 20 g Margarine, 20 g Mehl, 400 g Kartoffeln, Salz, Pfeffer, Majoran, Kümmel

Aus Hackmasse, Zwiebeln, eingeweichtem Brötchen, Ei und Gewürzen die Klopse herstellen (Größe und Anzahl nach Wunsch) und in wenig leicht kochendem Wasser garen (je nach Geschmack etwas Suppengrün in das Kochwasser geben). Die Klopse nach dem Garen aus der entstandenen Brühe nehmen und aus dieser mit der Margarine und dem Mehl eine helle Soße bereiten.
Danach die vorzugsweise festen sauren Gurken in die Soße reiben, die Klopse wieder hineingeben und das Ganze durchziehen (nicht kochen!) lassen. Die Klopse mit der Soße über den heißen Salzkartoffeln anrichten und dazu Rohkostsalat der Saison reichen.
Das Gericht ist für zwei Personen berechnet. (20)

Tausendsassaklößchen

300 g Schabefleisch, 200 g Gehacktes, 2 Zwiebeln, 1 Ei, einige Kapern, Petersilie, 1 Semmel, 1 Teel. Anchovispaste, eine Prise Salz und schwarzen Pfeffer, 1/2 Teel. süßen Paprika, etwas Kümmel, Wurzelwerk, 1/2 l Tomatensaft, 100 g roher oder gekochter Schinken, Gewürzgurke
Tip: Kümmel hacken

Aus Schabefleisch und Gehacktem, einer feingehackten Zwiebel, rohem Ei, Kapern aufgeweichter Semmel, Anchovispaste, Salz und Pfeffer, Paprika sowie Kümmel acht tomatengroße Klößchen formen. Daneben eine feingehackte Zwiebel und gut zerkleinertes Wurzelwerk goldgelb dünsten und mit Tomatensaft übergießen. Erst diesen Ansatz und danach die Klößchen (langsam) kochen. Nach etwa 20 minütigem Garen den in Streifen geschnittenen Schinken hinzufügen. Die Soße nach Belieben etwas andicken.
Kurz vor dem Auftragen noch ein wenig Gewürzgurke, in Streifen geschnitten, zugeben.
Als Beilage sind Spaghetti, mit geriebenem Käse überstreut, zu bevorzugen. *(33)*

Zwickauer Klopse

250 g gehacktes Rindfleisch, 250 g gehacktes Kalbfleisch, 250 g gehacktes Schweinefleisch, 3 Eier, Salz, Muskat, Semmelbrösel, 50 g Butter, 1/8 l süße Sahne

Aus Rind-, Kalb- und Schweinefleisch, Eiern, Salz und Muskat einen Teig bereiten. Daraus Klopse von ungefähr 8 cm Länge formen. Die Klopse in den Semmelbröseln wälzen. Die Butter in einer Pfanne erhitzen und die Klopse darin etwa 30 min langsam braun braten lassen. Dabei ab und zu wenden. Dann herausnehmen und in einer vorgewärmten Schüssel warmhalten.
Die Sahne in die Pfanne gießen, gut durchrühren, erhitzen, aber nicht mehr kochen lassen, und eventuell mit Salz abschmecken. Die Soße über die Klopse gießen und mit Pellkartoffeln servieren. Einen frischen Salat dazu reichen. (69)

Bratwurst und Äpfel

6 Äpfel, etwas Zucker, Zimt, Korinthen, ein Stückchen Butter (etwa 30 g), 250 g Bratwurst, etwas Zitronenschale, 1 Glas Weißwein

Die geschälten Äpfel in je acht Stücke schneiden, mit Zucker und Zimt bestreuen und mehrere Stunden stehenlassen. Gleichzeitig die gewaschenen Korinthen mit etwas lauwarmem Wasser zum Ausquellen auf eine warme Platte stellen.
Die Butter in einer Pfanne erwärmen, bis sie goldbraun aussieht, dann die Bratwurst hineingeben, die Apfelstückchen

drum herum legen, die Korinthen zufügen und etwas Zitronenschale darüber reiben, zudecken und langsam braten. Sobald die Apfelstückchen weich sein, wenden und die gar gewordenen vorsichtig herausnehmen. Ist die Wurst gar, den Wein zur Soße geben und darin anrichten. Mit den Äpfeln garnieren. *(45)*

Kalbsbraten

500 g Kalbfleisch, 40 g Margarine, Salz, Pfeffer, 1 Wurzelwerk, Mehl, saure Sahne

Das Kalbfleisch in Margarine anbraten, mit Salz und Pfeffer würzen. In der Röhre zusammen mit dem Wurzelwerk schmoren. Die Soße mit Mehl binden und mit saurer Sahne verfeinern. Als Beilage Salzkartoffeln reichen. Das Gericht ist Bestandteil des sorbischen Hochzeitsmahls. *(64)*

Pilzfleisch

1 kg Kalbfleisch (aus der Keule), Salz, einige Pfefferkörner, etwas Basilikum, 1 Zwiebel, 500 g Steinpilze (ersatzweise eine mittelgroße Dose oder eine Handvoll getrocknete Steinpilze), 125 g Butter, 3 Eßl. Mehl, etwas Kümmel

Das Kalbfleisch in 1 l Salzwasser mit den Pfefferkörnern, dem Basilikum und der ganzen geschälten Zwiebel zum Kochen bringen. Das Fleisch darin bei kleiner Hitze etwa 30 min gar ziehen lassen. Das Fleisch herausnehmen, die Brühe durch ein Sieb gießen und beiseite stellen. Die Pilze putzen, möglichst nicht waschen, dann in Scheiben schneiden. Die Butter in einem Topf zerlassen und die Pilze darin andünsten, mit Mehl bestäuben und mit der Kalbsbrühe zu einer kräftigen Soße auffüllen. Die Soße mit Kümmel würzen, das Kalbfleisch hineinlegen und heiß werden lassen, eventuell mit Salz nachwürzen.
Das Fleisch herausnehmen, dann in Scheiben schneiden, auf einer tiefen vorgewärmten Platte anrichten, mit der Soße begießen und servieren. *(69)*

Kalbskeule mit Butterfülle

3 Pfund Kalbfleisch (1/2 Keule), 100 g Butter, 1 Teel. Salz, 200 g Speck, 5 g Fleischextrakt, 1 Eßl. Mehl, 5 Eßl. Sahne

Fleisch klopfen, waschen, am Knochen des Beines entlang mit dem Messer einschlitzen, mit Butter füllen und zunähen.
Den Braten in erhitzten Speck geben und unter Wenden und Begießen braun braten.
Mehrmals heißes Wasser angießen, Mehl und Sahne verquirlen und mit dem Fleischextrakt etwa 30 min vor dem Anrichten zufügen (Rezept für 5 Personen) *(39)*

Kalbshaxe mit Streugemüse

2 mittlere Kalbshaxen, 3 Eßl. Öl, Salz, Pfeffer, Rosmarin, 200 g Zwiebeln, 150 g Butter, 1 Wurzelwerk, 1 Eßl. Tomatenmark, 1/2 l Brühe, 1/8 saure Sahne, 1 Teel. Mehl, 1 Bund Petersilie

Zwei Kalbshaxen von beiden Seiten leicht ölen, mit Salz, Pfeffer und einer Spur Rosmarin würzen und die Gewürze 20 min einwirken lassen. Dann die Haxen in Öl von allen Seiten schön braun anbraten, dabei sehr oft begießen, nach und nach flockenweise Butter in die Pfanne geben und die Haxen immer wieder wenden.
Tomatenmark, in kleine Scheiben geschnittenes Wurzelwerk und gut gewaschene Petersilienstengel daraufhin in das Bratfett zu den Haxen geben, alles ein wenig anbraten, mit etwas Brühe auffüllen, die Flüssigkeit mehrmals einschmoren lassen, damit die Kalbshaxen schön glacieren, dann die restlich Brühe auffüllen, das Fleisch gar schmoren lassen, herausnehmen und warmstellen. Die Soße würzig abschmecken, durchsieben und mit saurer Sahne, in die zuvor ein wenig Mehl gequirlt wurde, binden.
Die Kalbshaxen in die Soße zurücklegen und darin erhitzen. Dann das Fleisch vom Knochen lösen, auf Tellern anrichten und Streugemüse aufgeben. *(69)*

Frikassee aus Kalbfleisch

1 … 1,5 kg Kalbsbrust (mit Knochen), etwas Salz, 1 Wurzelwerk (Sellerie, Möhre, Porree , Zwiebel, Kohlrabi), 80 g Butter, 50 g Sardellen, 2 Gewürzkörner, 1 kleine Zwiebel, etwas Thymian, 1 Eßl. Mehl, 1/2 bis 3/4 l Brühe, 2 bis 3 Eigelb, etwas Weißwein und Zitronensaft

Die Kalbsbrust mit kaltem Wasser ansetzen, das Wurzelwerk und etwas Salz zugeben und etwa 1 h leicht kochen. Danach das Fleisch herausnehmen und in kaltes Wasser legen, damit es schön weiß bleibt. Das Fleisch sodann vom Knochen abputzen, in kleine Würfel schneiden und in die inzwischen bereitete Soße geben. Zur Herstellung der Soße die Butter in einem Topf zum Kochen bringen, die kleingeschnittenen Sardellen, Gewürzkörner, die kleingeschnittene Zwiebel und etwas Thymian in der Butter dünsten. Dann das Mehl zugeben, anschwitzen, anschließend mit Brühe auffüllen und das Fleisch in die fertige Soße hineingeben. Beim Anrichten die Brühe mit dem Eigelb und etwas Weißwein und Zitronensaft verquirlen.
Dazu Gemüserisotto und Kopfsalat reichen. *(8)*
Tip: Gekörnte Brühe statt Salz gibt einen kräftigeren Geschmack.

Hammelschmorbraten mit Pilzen

750 g Hammelfleisch, 30 g Zwiebel, 1/3 l Brühe oder Wasser, Salz, etwas Mehl zum Binden der Soße, Steinpilze, Morcheln

Das Fleisch waschen, klopfen und falls erforderlich zu guter Form binden. Fettes Hammelfleisch im eigenen Fett bräunen. Den Topf mit einer Speckschwarte ausstreichen, erwärmen, das Fleisch hineinlegen und von allen Seiten gut anbraten. Nun heißes Wasser oder Brühe zugießen (1/8 l), salzen und das Fleisch im zugedeckten Topf schmoren (etwa 1 1/2 Stunden). Die Pilze kurze Zeit mitschmoren lassen. Wenn das Fleisch gar ist, den Faden lösen, den Braten in Scheiben schneiden und anrichten. Die Soße aus dem Bratenfond und dem Rest der Brühe oder des Wassers bereiten, durchkochen und mit Mehl binden. Salzkartoffeln und grüne Bohnen sind als Beilage besonders zu empfehlen. *(85c)*
Tip: Saure Sahne oder Crème fraîche der Soße zugeben.

Gemischter Braten

1 Pfund Kalbskeule, 1/2 Pfund Schweinefleisch (Nacken), 1/2 Pfund Rindslende, 5 g Fleischextrakt, 100 g Butter, 1 Teel. Salz, Pfeffer, 1 Eßl. Mehl, 5 Eßl. Sahne

Die Fleischstücke, die flach sein sollen, klopfen und jedes Stück mit Pfeffer und Salz bestreuen sowie mit Butterflocken belegen. In der Reihenfolge Kalb, Schwein, Rind übereinander legen, zusammenrollen und mit einem Faden binden. Die Rolle in Mehl wenden und ringsum in vorher gebräunter Butter braten. Kochendes Wasser angießen, Fleischextrakt und Sahne zugeben und weich schmoren lassen. Zuletzt Faden wieder lösen. (Rezept für 5 Personen) *(39)*

Gekochte Rindszunge mit Rosinensoße

1 Rindszunge (etwa 1 000 g), 1 Wurzelwerk, 1 Lorbeerblatt, 2 Nelken, Pfefferkörner, Salz,

Für die Soße:
2 Zwiebeln, 50 g Butter, 1 Teel. Mehl, 100 g geriebener brauner Lebkuchen, 1 Teel. Zucker, 1 Eßl. Essig, 1 Glas Portwein, 3 Eßl. Rosinen, 1 Eßl. Zitronensaft, 1 Eßl. Mandelstifte, 1 Eßl. Johannisbeergelee

Die Rinderzunge gut reinigen und über Nacht wässern. Mit reichlich Wasser kochen. Nach einer Stunde das Wurzelwerk, eine Zwiebel und die Gewürze dazugeben. Bei geschlossenem Topf fertig garen. An der Zungenspitze durch leichtes Einstechen die Gare prüfen. Die fertige Zunge in kaltes Wasser legen und gleich abziehen. Die Brühe sieben und die Zunge darin warm halten.
Für die Soße die Butter zerlassen; die gewürfelte zweite Zwiebel darin anschwitzen, Mehl und Zucker zugeben. Alles leicht bräunen lassen und mit einem Löffel Essig ablöschen. Mit einem Teil der Brühe auffüllen, Lebkuchen zugeben und alles glattrühren. Durch den Lebkuchen bekommt die Soße eine schöne Färbung und Bindung. Zum Schluß kommen die gut gewaschenen und in Portwein aufgequollenen Rosinen hinzu. Mit Zitronensaft, Salz, Pfeffer und etwas Johannisbeergelee abschmecken. Alles nochmals aufkochen lassen und die in Scheiben geschnittene Zunge mit der Soße überziehen sowie die Mandelstifte darüberstreuen.
Als Beilagen eignen sich Kartoffelbällchen, Salzkartoffeln und frische Salate. *(84)*

Zunge in Rosinensoße

1 große Rinderpökelzunge, 3 Eßl. Mehl, 1 Eßl. Zucker, 1 Eßl. Essig, 2 Eßl. geweichte Rosinen, 1 Eßl. gekochte süße Mandeln, 1 Eßl. Senf, 1 Zitrone, Wurzelwerk, Salz, Pfeffer

Die Zunge gut waschen und zwei bis drei Stunden in reichlich Wasser mit Wurzelwerk kochen. Ist die Zunge weich, dann aus dem Sud nehmen, die Haut abziehen und in nicht zu dünne Scheiben schneiden. Für die Soße Margarine zerlassen, Zucker leicht darin bräunen, den Ansatz mit etwa 1/2 l Zungenbrühe auffüllen und alles zu einer würzigen Soße verkochen. Nun die gut gewaschenen, geweichten Rosinen und die gehackten Mandeln dazugeben, mit Zitronensaft und Senfgewürzen, nochmals mit Salz und Pfeffer abschmecken und die Zungenscheiben in dieser Würzsoße erwärmen. Als Beilage eignen sich Kartoffeln oder Kartoffelpüree und frischer Salat. *(69)*

Frische Ochsenzunge in Kapernsoße

1 mittlere Ochsenzunge, ungepökelt (etwa 800 g), 200 g Suppengemüse, 1 Lorbeerblatt, 2 Gewürzkörner, 3 Pfefferkörner, zerdrückt, Salz

Für die Soße:
1/2 Zwiebel, 50 g Butter, 40 g Mehl, 30 g Kapern, Abrieb einer Zitrone, 15 g Zucker, Salz, gemahlener weißer Pfeffer, 2 Eigelb, 30 g süße Sahne

Die Zunge waschen, in kaltem Wasser ansetzen und mit dem gebündelten Suppengemüse, Lorbeer, Gewürz- und Pfefferkörnern und Salz langsam aufkochen lassen und zügig gar kochen. (Die Zunge ist gar, wenn man mit Daumen und Zeigefinger leicht in die Spitze eindringen kann.)
Etwas im Sud abkühlen lassen und noch warm die Haut abziehen. Die seitlichen Schlundreste abschneiden und im passierten Sud belassen.
Für die Soße die feingehackten Zwiebeln in der Butter glasig dünsten, das Mehl einsieben und gut schwitzen. Mit der Zungenbrühe bis zu einer deckenden Konsistenz auffüllen, kräftig durchrühren und 5 min kochen lassen.
Die Kapern hacken, mit der Zitronenschale, dem Zucker und Pfeffer zur Soße geben, mit Salz nachschmecken, vom Herd nehmen und mit der Legierung (Eigelb und Sahne) binden.
Die Zunge quer in Scheiben schneiden, auf Tellern verteilen, soßieren und servieren. Dazu Salzkartoffeln und gedünsteten Lauch reichen. *(84)*

Kalbszungen, gebraten

4 Zungen, 1 Ei, 5 Eßl. geriebene Semmel, Salz, Pfeffer, 5 g Fleischextrakt, 50 g Butter, 1 Teel. Mehl

Zungen säubern, in gesalzenem Wasser weichkochen, abziehen und der Länge nach in drei dünne Stücke teilen. Mit Salz und Pfeffer bestreuen, in Ei, dann in Semmelmehl wenden und in heißem Fett kroß braten. Den Bratensatz mit Wasser angießen, mit Mehl binden, Fleischextrakt und Zungenbrühe zugeben und nochmals aufkochen lassen. (Rezept für 5 Personen) *(39)*

Lammniere im Teigmantel

260 Rindertalg, 800 g Mehl, Wasser, 4 Gemüsezwiebeln, 2 Lammnieren, Salz, Pfeffer, frische Minzblätter

Aus dem feingehackten Rindertalg, Mehl und Wasser einen elastischen Teig kneten (mit Salz abschmecken!). Die Gemüsezwiebeln schälen, halbieren und innen aushöhlen. Die Lammnieren vierteln, mit Salz und Pfeffer würzen und mit frischen Minzblättern in die Zwiebelhälften geben. Die Zwiebelhälften zusammenfügen und in den Teig einwickeln. Die Klöße auf einem gebutterten Backblech etwa 1 h backen, bis die Teighülle goldbraun ist. *(91)*

Kalbsleber-Ragout mit Kräutern

600 g frische Kalbsleber, 150 g Schalotten, 30 g Butter, Schnittlauch, Thymian, Petersilie, Salz, 300 g Weißbrot, Muskatnuß, Nelkenpfeffer, 2 Tassen Bouillon oder Weißwein

Die Leber waschen, enthäuten und in Streifen schneiden. Danach die Schalotten in der Butter anschwitzen, dazu Schnittlauch, Thymian und Petersilie (alles gehackt) geben und ebenfalls gelb schwitzen. Anschließend die Leber und etwas Salz zugeben und alles so lange schmoren lassen, bis die Leber weich ist (etwa 10 min). Nun das geriebene Weißbrot, Muskatnuß und Nelkenpfeffer sowie Bouillon oder Wein hinzufügen und alles durchkochen lassen. *(8, 45)*

Kalbsleberrouladen

250 g Kalbsleber, 250 g durchwachsener Speck, Salz, gemahlener schwarzer Pfeffer, Zitronensaft, 4 frische Thymianblätter, 2 Tomaten, 50 g Butter, Mehl, 80 ml Meißner Weißwein, 120 m l Rindfleischbrühe

Die Kalbsleber in vier dünne Scheiben schneiden. Den Speck ebenfalls in vier dünne Scheiben schneiden. Auf jede Speckscheibe eine Scheibe Kalbsleber (mit wenig Salz, schwarzem Pfeffer und Zitronensaft würzen), 1 Blatt frischen Thymian und Streifen der abgezogenen entkernten Tomaten legen. Die Rouladen aufrollen (Speck ist außen!) und mit Rouladennadeln feststecken.
Die Butter in einer Sauteuse zerlassen, die Rouladen darin anbraten, leicht mit Mehl bestäuben, wenden und mit trockenem Meißner Weißwein ablöschen, mit Rindfleischbrühe auffüllen, bis sie bedeckt sind, und 10 min garen lassen. Rouladennadeln entfernen und mit Leipziger Allerlei und grünen Klößen servieren. *(91)*

Beuschel

250 g Lunge, 250 g Herz, Suppengrün, 1 Stange Porree oder 1 Zwiebel, 20 g Fett, 20 g Mehl, 2 Tassen Sud, etwas Salz, Zucker, Essig, Muskat und frische Kräuter

Lunge und Herz mit Suppengemüse garen. Den Porree oder die Zwiebeln im Fett andünsten, mit Mehl binden und mit dem Sud auffüllen. Mit wenig Salz, Zucker, Essig, Muskat und frischen Kräutern würzen. Lunge und Herz kleinschneiden und untermengen. Dazu Salzkartoffeln reichen. *(59)*

Gebratenes Kuheuter

500 g Kuheuter, Wasser, Salz, Gewürze, 1 Zwiebel, 1 Eiklar, 3 Eßl. geriebene Semmel, Pfeffer und Salz, 3 Eßl. Fett

Das Kuheuter gründlich waschen, mit kochendem Wasser, Salz, Gewürzen und Zwiebel ansetzen, weichkochen (4 bis 5 Stunden). Dann in Scheiben schneiden, mit Salz und Pfeffer bestreuen, in geschlagenem Eiklar oder Milch und geriebener Semmel wenden und in Fett braten. *(86a)*

Vogtländischer Kaninchentopf

Vogtländischer Kaninchentopf

1 Kaninchen (2 … 3 kg), 100 g magerer Speck oder roher Schinken, 3 Eßl. Butter, 3 mittelgroße Zwiebeln, 1 Möhre, 1 Stange Porree, 1/4 Knolle Sellerie, 2 Eßl. Mehl, 1 Flasche Schwarzbier, 1 bis 2 Eßl. Essig, 1/4 Soßenpfefferkuchen, Petersilie, Salz, Pfeffer, Zucker

Das Kaninchen ausnehmen, gut waschen, in Portionsstücke von 100 … 150 g teilen, mit Salz und Pfeffer einreiben, mit dem mageren, in feine Würfel geschnittenen Speck und etwas Butter von allen Seiten gut anbraten, dann herausnehmen und zugedeckt warmstellen. Im Bratfett mit den Speckwürfeln die in Scheiben geschnittenen Zwiebeln und das in Streifen geschnittene Gemüse anrösten, die Fleischstücke wieder dazugeben, mit etwas Wasser ablöschen und das Ganze bei milder Hitze zugedeckt dünsten lassen. 1 Eßl. Zucker und 2 Eßl. Butter bräunen, Mehl dazugeben und ebenfalls bräunen lassen. Die Schwitze mit dem Schwarzbier auffüllen, mit Essig, Salz und Pfeffer abschmecken und Soße über den Fleisch-Gemüse-Ansatz gießen. Das Gericht noch etwa 40 min zugedeckt bei milder Hitze garen. Die Soße mit geriebenem Soßenpfefferkuchen binden und mit reichlich gehackter Petersilie bestreuen.
Dazu Klöße und Krautsalat reichen. Das Gericht ist für 4 bis 6 Personen berechnet. *(17)*

Kaninchenkeule in Kressesoße mit Wurzelgemüse

4 frische Kaninchenkeulen, 400 ml trockener Meißner Weißwein, 200 ml Crème fraîche, 100 g Brunnenkresse, Salz und Pfeffer, Senf, 50 g Butter, 2 Karotten, 1/2 Sellerieknolle, Petersilienwurzel, Lauch

Das Kaninchenfleisch von den Knochen lösen, mit Salz und Pfeffer leicht würzen, die Hohlräume mit Senf ausstreichen, in Weißwein 10 … 15 min dünsten, danach Crème fraîche zugeben und nochmals 10 min leicht dünsten. Das Kaninchenfleisch herausnehmen und warm stellen.
Die Kresse ganz fein pürieren, in die Soße einrühren, die Butter unterziehen und mit Salz und Pfeffer würzen.
Karotten, Sellerie, Petersilienwurzel und Lauch waschen, wenn notwendig schälen, in feine Streifen schneiden und in die Soße eingeben, 10 min dünsten, mit dem Schaumlöffel herausnehmen und auf die auf einem Teller angerichteten Keulen streichen, Soße darübergeben.
Dazu Macairkartoffeln (zerdrückte Kartoffeln mit Speck, Zwiebeln und frischen Kräutern) reichen. *(91)*
Tip: Statt der Kartoffeln Vollkornreis verwenden.

Gefüllter Kaninchenrollbraten

1 Kaninchenrücken, 300 g Schweinefleisch (Kammfleisch), Salz, Pfeffer, Thymian, Lorbeerblatt, 100 g Senf, 1/2 Zitrone, 1 l Buttermilch, 75 g Speck, 300 g Zwiebeln, 2 Scheiben Schwarzbrot

Den Kaninchenrücken auslösen, darauf den Schweinekamm legen, das Fleisch leicht pfeffern, alles zu einer Rolle formen und diese mit Faden zusammenbinden.
Nun den vorbereiteten Rollbraten mit Pfeffer würzen, mit Zitrone marinieren und mit Senf bestreichen.
In die Buttermilch Thymian und das Lorbeerblatt geben und die Rolle 2 Tage einlegen.
Dann das Fleisch aus der Marinade nehmen, gut abtropfen lassen, in ausgelassenem Speck gut anbraten und mit einer halben Tasse Wasser ablöschen. Nach und nach den Sud mit durchgesiebter Buttermilch auffüllen und das Fleisch in der Soße auf kleiner Flamme zugedeckt garen lassen. Nun mit geriebenem Schwarzbrot die Soße binden.
Den Kaninchenrollbraten serviert man in Sachsen mit Rosenkohl oder Apfelrotkohl und Kartoffeln. *(69)*

Kaninchenrouladen mit Rosenkohl und Petersilienkartoffeln

1 Kaninchenrücken, Kaninchenleber, 150 g gehacktes Schweinefleisch, 1 Bund Petersilie, 30 g Speck, 100 ml saure Sahne, 1 Zwiebel, 1 Möhre, etwas Sellerie, Öl, Butter, Salz, Pfeffer, Spinatblätter, ein Schweinenetz

Den Kaninchenrücken auslösen und die Knochen kleinhacken. Die Knochen in heißem Fett anrösten, Zwiebel, Möhrenwürfel und Sellerie dazugeben, alles zusammen anbraten. Mit 1/2 l Wasser auffüllen und eine Stunde köcheln lassen.
Nun die Rouladen bereiten. Den ausgelösten Rücken leicht klopfen, um eine schöne Roulade zu erreichen, evtl. auch die Filets dazu längs einschneiden.
Für die Füllung das gehackte Schweinefleisch, 1 Ei, gehackte Kräuter, kleine Speckwürfel und in 1 cm große Stücke geschnittene Leber verwenden, alles miteinander mischen und mit Salz und Pfeffer würzen.
Den vorbereiteten Rücken mit Saiz und Pfeffer würzen und mit überbrühten Spinatblättern belegen. Die Füllung gleichmäßig verteilen und alles zusammenrollen. Die Rolle entweder in ein Schweinenetz einschlagen oder mit Rouladennadeln zusammenstecken, in Butter anbraten, mit dem Fond auffüllen und fertig garen.

Die Roulade herausnehmen, die Nadeln oder das Netz entfernen, das Fleisch schräg aufschneiden.
Die Soße durch ein Sieb geben, mit etwas saurer Sahne verfeinern, abschmecken und servieren. Dazu Rosenkohl und Petersilienkartoffeln reichen.
Diesen gefüllten Rücken kann man auch kalt servieren. Dafür ist das Garen in Alufolie zu empfehlen. Dazu den vorbereiteten Rücken in gebutterte Folie fest einschlagen, so daß kein Fleischsaft heraustreten kann und ihn etwa 40 min in der Röhre bei 200 °C garen. *(78)*

Kaninchen im Hahn

1 Hähnchen, etwa 800 … 1000 g, 1 Kaninchenrücken, 2 Kaninchenläufe, 200 g Schweinshack, 2 Eier, 2 entrindete eingeweichte Brötchen, 1/2 Teel. geriebener Koriander, Salz, weißer Pfeffer, 40 g Speiseöl, 1 Wurzelwerk, 1 Eßl. Tomatenmark, 1/4 l trockener Weißwein, 1/4 l saure Sahne, 1 Eßl. Mehl, einige Korianderkörner, Lorbeerblatt

Das Hähnchen vom Rückgrat ausgehend auslösen, dabei nur die beiden Keulenknochen belassen. Den Schnitt vom Hals bis zu zwei Dritteln des Rückenteils danach mit Nadel und Faden wieder zunähen.
Den Kaninchenrücken ebenfalls von den Knochen lösen und das entstandene Haut-Fleisch-Rechteck beiseite legen. Die anfallenden Knochen, auch von den Läufen, dienen als Grundlage für die Soße. Aus dem schieren gewolften Fleisch von den Läufen, dem Schweinshack, den beiden Nieren, den Eiern und den eingeweichten und gut ausgedrückten Brötchen unter Verwendung des geriebenen Korianders die Fülle herstellen.
Die mit Salz und weißem Pfeffer abgeschmeckte Masse auf den entbeinten Kaninchenrücken auftragen und rollen. Nun das ausgelöste Hähnchen von innen würzen und durch die vorhandene Öffnung den gefüllten Kaninchenrücken schieben. Nach sorgfältigem Schließen (Zunähen) nochmals von außen würzen. Das gefüllte Hähnchen zum Braten in eine Pfanne mit heißem Öl in den Bratofen geben und bei 180 … 200 °C 90 bis 120 min braten.
In einem anderen Gefäß die zerkleinerten Knochen anbraten und das grob gewürfelte Wurzelwerk rösten, mit dem Tomatenmark gut verrühren und mit dem Weißwein ablöschen.
Lorbeerblatt, Korianderkörner sowie Pfeffer und Salz verleihen die richtige Würze. Nun den Ansatz zu etwa 2/3 einkochen lassen, um diesen danach mit dem in der Sahne verrührten

Mehl zu binden. Die Soße in die Pfanne zum Bratansatz vom Hähnchen geben, das inzwischen zum Portionieren herausgenommen wurde. Nach dem Aufkochen die Soße durch ein Sieb geben und nochmals abschmecken. Als Beilagen Rosenkohl und Buttermilchgetzen reichen. Das Gericht ist auch für den Römertopf geeignet. *(84)*

Gänsebraten mit Grünkohl

1 Gans, 2 bis 3 kleine Äpfel, 1 Zweig Beifuß, 1 Handvoll Rosinen, Salz, 800 g Grünkohl, Gänsefett

Die vorbereitete Gans innen mit Salz einreiben, mit den Äpfeln, dem Beifuß und den Rosinen füllen, mit der Brust nach unten in den Bräter legen. 1 l kochendes Wasser dazugießen. Im heißen Ofen die Gans etwa 1 h braten und sehr oft begießen. Dann die Gans wenden und eine weitere Stunde unter häufigem Begießen braten. Evtl. etwas heißes Wasser nachfüllen. Zuletzt die Gans bei starker Hitze bräunen.
Die Gans auf einer vorgewärmten Platte warmhalten oder in den noch warmen Ofen stellen.
Aus dem Bräter das Fett abgießen, die Soße nach Belieben binden. Die Gans zerlegen. Die Äpfel darum legen.
Die Grünkohlblätter von den Stielen streifen und sehr gründlich waschen, kleinschneiden. Mit dem Gänsefett, etwas Wasser und Salz etwa 25 min dämpfen. Dann die Brühe etwas binden und den Kohl etwa 20 min weiterschmoren. Beim Anrichten etwas Bratensoße darübergießen. Beilage: Salzkartoffeln *(35)*

Gänsebraten

1 Gans, 2 Eßl. Salz, 1 Pfund Äpfel, 1 Strauß Beifuß, 1 1/2 l Wasser, 1 Eßl. Mehl

Die vorbereitete Gans waschen, mit Salz einreiben, mit Äpfeln und Beifuß (vorher brühen) füllen, zunähen, Keulen zusammenbinden, Gans in die Pfanne legen, mit 1/2 l kochendem Wasser übergießen, in die Röhre stellen, unter öfterem Begießen und Zugießen des übrigen Wassers gar braten (2 1/2 bis 3 Stunden). Nach der Hälfte der Bratzeit Fett abschöpfen, Hitze erhöhen, damit die Gans bräunt. Mehrmals in die Keulen stechen, damit das Fett ausdringen kann. Die Gans ist weich, wenn sich die Keulen leicht bewegen und stechen lassen. Fünf

Erzgebirgische Weihnachtsgans

Minuten vor dem Herausnehmen die Gans mit 1 bis 2 Eßl. kaltem Wasser besprengen, damit die Haut recht knusprig wird. Nach dem Herausnehmen die Tunke entfetten und sämig machen. Je nach Größe reicht die Gans für 8 bis 12 Personen. *(86)*

Weihnachtsgans, wie man sie im Erzgebirge ißt

1 Gans (3 … 4 kg), Salz, Pfeffer, Beifuß, 1 kg säuerliche Äpfel, 2 Eßl. Stärkemehl

Die Gans innen und außen mit Salz einreiben, mit den Äpfeln (ohne Kerngehäuse) und einem Beifußzweig füllen, zunähen, mit heißem Wasser zum Braten ansetzen. Unter häufigem Begießen und Wenden die Gans schön knusprig braten.
Wenn die Gans fett ist, die Haut an mehreren Stellen einstechen, damit das Fett ausbraten kann. Beim Braten verdunstetes Wasser immer wieder auffüllen und etwas Fett abschöpfen. Das Fett muß eine helle Farbe behalten. Nachdem die Gans fertig ist, Soße nochmals entfetten, mit einem Holzlöffel den Bodensatz lösen, kurz aufkochen lassen, durch ein Sieb geben und abschmecken. Bei Bedarf mit etwas Stärke binden. Als Beilage Rotkohl und Grüne Klöße reichen.
Mit den folgenden Füllungen lassen sich die „inneren Werte" der Gans variieren:

Apfel-Backpflaumen-Füllung

750 g Äpfel, 250 g Backpflaumen, 2 Eßl. Zucker, 1 Tasse Semmelbrösel

Die Backplaumen über Nacht einweichen, mit den geviertelten Äpfeln, Zucker und Semmelbröseln vermengen und die Füllung mit etwas Anis geschmacklich abrunden.

Apfel-Porree-Füllung

500 g Äpfel, 500 g Porree, 100 g Rosinen, Beifuß

Die Äpfel in Scheiben schneiden, die Rosinen, Porree-Ringe und den Beifuß zugeben.

Hackfleisch-Füllung

500 g Hackfleisch, 3 Brötchen, 1 Zwiebel, 2 Eier, Petersilie, Beifuß, Gänseherz und -leber, Pfeffer, Salz

Das Hackfleisch mit den eingeweichten Brötchen, den Eiern und der in Würfel geschnittenen Zwiebel vermengen und würzen. Würfel aus Gänseherz und -leber sowie Petersilie und Beifuß zugeben. *(78)*

Ente mit geschmorten Birnen

1 Ente, 2 kleine, säuerliche Äpfel, Salz, Pfefferkörner, 3 Eßl. Butter, 1 Zwiebel, 1 Möhre, 200 g Naturreis, 4 aromatische, halbfeste Birnen, 1 Eßl. Butter, 1 Prise Salz

Den Naturreis waschen und in 1/2 Liter Salzwasser oder Brühe 20 min kochen. Falls noch Flüssigkeit übrig ist, abtropfen.
Die Ente innen und außen mit Salz einreiben, den Reis hineinfüllen und die Ente zunähen.
Die Butter in einem Schmortopf heiß werden lassen. Die Ente mit der Brust nach unten goldbraun anbraten, wenden. 1/2 l heißes Wasser zugießen, das Suppengrün und die Pfefferkörner dazugeben. Den Topf zudecken und die Ente unter fleißigem Begießen weichdämpfen (etwa 1 1/2 Stunden, je nach Alter und Größe der Ente). Die Ente herausnehmen. Die Flüssigkeit (Fond) etwas entfetten, mit etwas Wasser loskochen. Dann durch ein Sieb gießen. Die Soße nach Belieben binden. Mit der Geflügelschere die Brust vom Rücken trennen. Brustfleisch ablösen, in Scheiben schneiden. Die Reisfüllung verbleibt in der Ente.
Die Birnen vierteln, entkernen, in Achtel schneiden und vorsichtig in der zerlassenen Butter schmoren. Sie sollen nicht zerfallen. Die Prise Salz zugeben. Auf einer Platte die Ente anrichten, darum die Brustfleischscheiben und Birnenachtel legen. Drei Birnenachtel auf die Reisfülle legen. Etwas Soße darübergießen. Die restliche Soße extra servieren. *(35)*

Hühnchen mit Erbsen

1 Hühnchen, 80 g Öl, 200 g grüne Erbsen, frisch enthülst oder tiefgefroren, 2 große Zwiebeln, 1 Knoblauchzehe, 1 Bund Petersilie, Salz, 400 g Kartoffeln, 2 Tomaten

Das Öl erhitzen. Zwiebeln schälen, klein würfeln und anrösten. Das Huhn zerteilen, die Stücke auf die Zwiebel schichten. Zwei Tassen Wasser dazugießen, salzen, zerdrückten Knoblauch zufügen. Im geschlossenen Schnellkochtopf 15 min dünsten. Topf abkühlen, öffnen, mit 1/2 l Wasser auffüllen. Die geschälten, in Stifte geschnittenen Kartoffeln und die Erbsen dazugeben. Topf schließen, 6 min kochen. Abkühlen lassen, Topf öffnen, sofort die vorher enthäuteten, gehackten Tomaten unterrühren. 5 min durchziehen lassen.
Beim Anrichten gehackte Petersilie darüberstreuen. *(35)*

Hühnchenbrüstchen nach bürgerlicher Art

Für die Farce:
1 Huhn (etwa 800 g), Salz, Pfefferkörner, 2 Nelken, 1 Lorbeerblatt, 1 Zwiebel für die Bouillon, Salz, weißer Pfeffer, 1 Tasse saure Sahne, 30 g Butter, 1 Zwiebel, 150 g Champignons (aus der Dose), Salz, Zitronensaft;

Für die Soße:
40 g Butter, 30 g Mehl, 3/4 l Brühe vom Huhn, Salz, weißer Pfeffer, 1 Teel. Zitronensaft, 3 Eßl. Sahne, 1 Eigelb;

Für die Garnierung:
250 g Kalbsbries, 1/2 l Wasser, 2 Eßl. Essig, 1/2 Bund Petersilie;

4 Hähnchenbrüstchen à 200 g, 4 Trüffelscheiben (aus der Dose), etwa 20 g, 40 g Butter, Salz, weißer Pfeffer, 1 Teel. Zitronensaft, 30 g Mehl

Das Huhn waschen, in kochendem Salzwasser garen. Nach dem Abschäumen die Gewürze zugeben. Nach etwa 60 min herausnehmen, abkühlen lassen, enthäuten, entbeinen und das zerkleinerte Fleisch fein wolfen. Die Masse mit Salz und Pfeffer würzen und mit der Sahne geschmeidig kneten. Drei kleingehackte Champignons daruntermischen.
Eine kleine, feuerfeste Form mit Butter einreiben und mit einem Teil der Farce auskleiden.
Butter in einer Pfanne zerlassen, die kleingewürfelte Zwiebel darin anschwitzen, die restlichen kleingehackten Champignons dazugeben, mit Salz und einem Spritzer Zitronensaft würzen. Die Champignons in die Form geben, danach die restliche Geflügelfarce darauf verteilen. Im Wasserbad zugedeckt 20 min garen.
Für die Soße Butter zerlassen, Mehl anschwitzen und mit 3/4 l der gesiebten Hühnerbouillon und 1/2 Tasse Champignonfond auffüllen. Gut durchkochen, würzen, mit Eigelb und Sahne legieren, danach nicht mehr aufkochen lassen, warm stellen.
Für die Garnierung Kalbsbries unter kaltem Wasser waschen und 5 min wässern. Wasser und Essig im Topf aufkochen, Bries darin 10 min ziehen lassen. Anschließend abtropfen lassen, häuten, Äderchen und innere Röhren entfernen. In 2 cm dicke Scheiben schneiden und zur Seite stellen.
Die Hähnchenbrüstchen, wenn nötig, vom Knochen lösen, waschen, trockentupfen. Mit Salz, Pfeffer und Zitrone würzen, mehlieren und in der heißen Butter 5 min von beiden Seiten anbraten, danach auf etwas kleinerer Flamme noch 6 min braten.
In einer anderen Pfanne die mit Salz und Pfeffer gewürzten und in Semmelbrösel gewendeten Briesscheiben 5 min braten.
Zum Schluß auf die Mitte einer vorgewärmten Platte die Farceform stürzen, mit Soße überziehen, die Brüstchen rundherum legen, darauf die Briesscheiben legen und mit gehackter Petersilie bestreuen. Restliche Soße extra einsetzen, Risotto und Kopfsalat dazu reichen. *(84)*

Sächsisches Hühnerfleisch

400 g Hähnchenbrust ohne Haut und Knochen, 1/2 Zitrone, 40 g Öl, 50 g Butter, 300 g Zwiebel, 200 g Möhren, 100 g Sellerie, 100 g Porree, 4 Eigelb, 1/2 Zehe Knoblauch, gehackte Kräuter, weißer Pfeffer, Salz

Das Hähnchenfleisch in Streifen schneiden und mit Pfeffer, Zitrone und gedrücktem Knoblauch marinieren. Dann geputzte Möhren, Sellerie und Porree in Streifen schneiden und mit heißem Wasser kurz überwallen lassen.
In heißem Öl die Zwiebelscheiben anschwitzen, erst das marinierte Hühnerfleisch und dann die Gemüsestreifen dazugeben. Zum Schluß die aufgeschlagenen Eier mit den Kräutern vermengt über das Fleisch geben und alles kurz stehen lassen.
In Sachsen serviert man das Hühnerfleisch gern mit Bratkartoffeln und frischem Salat. *(69)*
Tip: Vollkornreis statt Bratkartoffeln reichen.

Hähnchenkeulen in Buttermilch

4 Hähnchenkeulen, Salz, Pfeffer, 1/2 Zitrone, 1/2 l Buttermilch, 60 g Öl, 200 g Rotwein, 120 g Rosinen, 60 g Weißwein

DieHähnchenkeulen leicht pfeffern, mit Zitronensaft marinieren, in Buttermilch 2 bis 3 Tage einlegen. Nach dem Herausnehmen die Keulen salzen, in Öl braten, mit Rotwein ablöschen und den Ansatz mit Buttermilch auffüllen. Bei mäßiger Hitze gar ziehen lassen. Rosinen in Weißwein einweichen und zum Schluß unter die Soße geben. Die Hähnchenkeulen verspeist man in Sachsen mit Apfelrotkohl und Petersilienkartoffeln. *(69)*

Tauben mit Petersiliengemüse

6 küchenfertige Tauben à 250 g, 2 l Wasser, Salz, 5 Pfefferkörner, 2 Bund Suppengrün, 3 Petersilienwurzeln
Für die Soße:
4 Brötchen, 40 g Butter, 2 l Taubenbrühe, 4 Eigelb, 1 Eßl. Mehl, 1 Tasse Sahne, Salz, weißer Pfeffer, 1 Prise Muskat, 1 Bund Petersilie

Die küchenfertigen Tauben waschen, abtupfen und innen und außen mit Salz einreiben. Magen, Herz und Leber abspülen und in die Tauben stecken. Die Flügel auf den Rücken biegen, den Hals unter einen Flügel und die Schenkel in den Bauch schieben. Wasser zum Kochen bringen, salzen und die Tauben hineingeben. Aufkochen lassen, abschäumen, Pfefferkörner, das geputzte Suppengrün, die Petersilienwurzel und Stiele vom Bund dazugeben. 35 … 40 min bei kleiner Flamme köcheln lassen. Anschließend Tauben und Suppengrün herausnehmen und die Brühe sieben.
Die Brötchen von der Rinde befreien und, in große Würfel

HOTEL MERKUR
JORDAN
Tauben aus der Pfanne

geschnitten, in die feuerfeste Form geben, die Butter darauf verteilen, mit 1 l kochender Brühe übergießen und zugedeckt ziehen lassen. Den anderen Teil der Brühe wieder auf die Flamme setzen, Eigelb, Mehl und Sahne verrühren und in die kochende Brühe geben. Aufkochen lassen und in die Form mit den eingeweichten Brötchen geben. Alles gut durchrühren, abschmecken und erhitzen. Reichlich gehackte Petersilie dazugeben.
Die Täubchen entbeinen, mit den Innereien zusammen in mundgerechte Stücke schneiden, alles in die Soße geben und 5 min ziehen lassen. Dazu Watteklöße servieren. *(84)*

Tauben aus der Pfanne

4 küchenfertige Tauben (à 250 g), 100 g Speck, 400 g Kalbfleisch, 2 Zwiebeln, Salz, weißer Pfeffer, Basilikum, Estragon, Thymian, Rosmarin als Gewürzmischung, 250 g frische Morcheln oder Champignons, 2 Tassen Bouillon, 1/2 Bund Petersilie

Die Tauben innen und außen gut waschen und trockentupfen. Mit Salz und Pfeffer einreiben, die Gewürzmischung, bei der Thymian und Rosmarin nicht vorschmecken dürfen, vorsichtig auf die Täubchen verteilen.
Eine Schmorpfanne mit dem in dünne Scheiben geschnittenen Speck auslegen, darauf jeweils eine dünne Scheibe Kalbfleisch und Zwiebelscheiben aufbringen. Die Tauben auf die Kalbfleischscheiben legen. Auf die Brust der Tauben wiederum Speck und leicht gesalzenes Kalbfleisch aufbringen. Die Pfanne zudecken und in der vorgeheizten Röhre etwa 45 min bei 200 °C garen.
Die Morcheln bzw. Champignons putzen, waschen, in Scheiben schneiden und 15 min vor Ende der Garzeit in die Pfanne geben. Die Bouillon angießen und alles zusammen weichdämpfen. Beim Anrichten die Pilze mit dem Bratenfond um die Täubchen verteilen, dazu gebutterte Kartoffeln reichen und die gehackte Petersilie darüberstreuen. *(84)*

Würziges Hahnenkamm-Ragout „Leipziger Ratsherren-Art“

250 g Hahnenkämme, 1 Wurzelwerk (Möhre, Sellerie, Zwiebel, Petersilienstengel), Lorbeer, Piment, 250 g frische, kleine Champignons, 50 g Butter, etwas trockenen Weißwein, 1 Eßl. Zwiebelwürfel, 100 g Stangensellerie

Currysoße:
50 g Butter, 2 Teel. Knoblauch, fein gehackt, 3 Eßl. Zwiebeln, fein gehackt, 1 Eßl. Currypulver, 2 mittelgroße Tomaten, 1 Apfel, 50 g Schlagsahne, Salz, Koriander, 1/2 Bund Schnittlauch

Die gewaschenen Hahnenkämme (sie mußten früher von der äußeren, harten Haut befreit werden, was bei den meisten Rassen heute nicht mehr nötig ist) mit einigen Eßlöffeln Salz bestreuen, kaltes Wasser zugeben, bis diese bedeckt sind und für 5 … 6 h stehen lassen. Das Salz zieht das Blut heraus und bewirkt das Bleichen der Hahnekämme. Mehrmals kalt abspülen und in kochendem Wasser unter Zugabe des Wurzelwerkes weichkochen (etwa 1 1/2 h). Zwischenzeitlich eine würzige Currysoße bereiten. Dazu in der erhitzten Butter den gehackten Knoblauch und die Zwiebelwürfel leicht bräunen.
Nun das Currypulver zugeben (am Herdrand zur Entfaltung des Aromas schwitzen lassern). Es folgen die abgezogenen, in Würfel geschnittenen Tomaten mit dem aus den Rückständen gepreßten Tomatensaft, der geschälte, entkernte und gewürfelte Apfel sowie die ungesüßte Schlagsahne.
Das Gemüse am Herdrand leicht köcheln lassen und mit Salz und einer Prise gemahlenem Koriander würzen. Die Soße inzwischen warm halten.
Dann Zwiebelwürfel und Streifen von Stangensellerie in Butter glasig schwitzen, mit Weißwein ablöschen, reduzieren und die gesäuberten und geviertelten Champignonköpfe dazugeben und schwenken. Nach Geschmack mit Salz und weißem Pfeffer würzen. Die gegarten Hahnenkämme je nach Größe dritteln oder vierteln und unter das Gemüse heben, erhitzen.
Das Ragout auf dem Soßenspiegel erhoben anrichten, mit grob gehackten Schnittlauch bestreuen und einen Reistimbal anlegen. *(90)*

Hahnenkämme „Mutzschener Art“

12 Hahnenkämme, 12 frische oder gefrorene Riesencrevetten-Schwänze, 2 Schalotten, 20 g Butter, Salz und weißer Pfeffer, 2 Eßl. Balsamico-Essig, 1 Eßl. verschiedene, gehackte Kräuter, 4 Portionen gemischter Salat (je nach Saison Chicoree, Löwenzahn, Kopfsalat u. ä.) sowie Streifen von Radieschen, Gurken, rotem, gelbem und grünem Gemüsepaprika, 100 g Salatsoße (Joghurt), 50 g Crème fraîche 30 %, 2 Eigelb, 50 g Brühe (von den Hahnenkämmen), 12 kleine Kapern, 1/2 Möhre, 1 Eßl. in feine Streifchen geschnittenen Porree, 10 g Butter

Die Salate rüsten, waschen und farbenfroh auf den Tellern anordnen.
Die Riesencrevetten schälen, halbieren und nach Entfernen des Darmes unter fließendem Wasser kurz waschen. Danach mit Zitronensaft und etwas Salz würzen und in heißer, steigender, aber nicht brauner Butter unter öfterem Wenden 1 min braten. Mit Balsamico-Essig ablöschen, die gehackten Kräuter hinzufügen und auf die Salatteller verteilen. In der Zwischenzeit Brühe mit Butter aufkochen, Porree- und Möhrenstreifchen sowie die geviertelten gegarten Hahnenkämme und halbierten Kapern hinzugeben; kurz erhitzen.
Crème fraîche und Eigelb verrühren und mit etwas kochendem Fond, in dem das erhitzte Gemüse, Kapern und Hahnenkämme geschwenkt werden, verquirlen. Auf dem Salat anrichten und sofort servieren. *(90)*

Geflügelleber mit Kartoffelbrei

400 g Geflügelleber, Mehl, 1 mittelgroßer Apfel, 1 Zwiebel, 4 Eßl. Öl, 800 g Kartoffeln, 1/4 Milch, Salz, Muskat

Die Kartoffeln schälen und in wenig Wasser kochen. Anschließend zerstampfen, salzen, mit heißer Milch glatt rühren und mit Muskat würzen.
In einer Pfanne 2 Eßl. Öl erhitzen. Die in Mehl gewendete Leber von beiden Seiten braten, danach salzen. In einer anderen Pfanne im restlichen Öl die geschälte, in Ringe geschnittene Zwiebel braten, den geschälten, in Scheiben geschnittenen Apfel dazugeben. Beides goldgelb bräunen und zur Leber geben. Vorsichtig vermischen und auf dem Kartoffelbrei anrichten. *(35)*

Wacholdersteak

4 Wildschweinrückensteaks à 180 g, 40 ml Gin, Worchestershiresoße, 30 g Olivenöl, 8 Wacholderbeeren, 20 g Butter

Die Wildschweinsteaks waschen, trockentupfen, glattstreichen, in eine Mischung aus Gin, Worchestershiresoße, Olivenöl und zerdrückten Wacholderbeeren einlegen und zugedeckt etwa 12 h im Kühlschrank ziehen lassen. Das Öl und die Gewürze abstreifen und in Butter rosa abbraten. Beim Anrichten mit gehackten Wacholderbeeren bestreuen und mit Wacholderbutter servieren. Dazu Pommes frites und grünen Salat reichen. *(91)*

Wildschweinschnitzel „Schloß Moritzburg"

4 Wildschweinschnitzel (Steakfleisch), Pfeffer, Salz, 40 g Öl, 40 g Butter, 8 Wacholderbeeren, 200 g Sauerkirschen, 40 ml Weinbrand, 20 g Mehl, 70 g saure Sahne

Die vorbereiteten Wildschweinschnitzel leicht klopfen, pfeffern und salzen, auf beiden Seiten in Öl an- und in Butter nachbraten, aus der Pfanne nehmen und warm stellen.
Anschließend die gestoßenen Wacholderbeeren und die entsteinten Sauerkirschen in die Pfanne geben, mit Mehl anstäuben und mit Weinbrand ablöschen, die Sahne unterrühren. Die Soße nochmals mit Pfeffer und Salz abschmecken und über die Schnitzel geben. Mit Kartoffelpüree und Salat serviert schmekken diese Wildschweinschnitzel vorzüglich. *(69)*

Frischlingsrücken in der Kruste

1 Frischlingsrücken (etwa 2,5 kg), 100 g Speck, 150 g Wacholder, 40 g schwarzer Pfeffer, 100 g Speck, 500 g Malzbrot, 20 g Zimt, 20 g Nelkenpfeffer, 60 g Zucker, 3 Eier, 40 g Butter

Den Frischlingsrücken von der Schwarte befreien, waschen, einen Spieß in den Rücken stecken, damit der Rücken gerade bleibt. Den Rücken mit Salz, grob gestoßenem Wacholder und schwarzem Pfeffer einreiben, in der Pfanne mit dem gewürfelten Speck scharf anbraten, dann die Hitze zurücknehmen und nach etwa 25 … 30 min aus dem Ofen nehmen. Zerriebenes Malzbrot mit gestoßenem Zimt, Nelkenpfeffer und Zucker vermengen. Nun die obere Seite des Rückens mit Eiklar bestreichen und mit der Mischung bestreuen, weiterbraten und mit Butter ständig beträufeln. Während des Bratens die sich bildende Kruste immer an den Rücken drücken, die restliche Garzeit beträgt 20 min. Waldpilze (Maronen, Pfifferlinge) und gebackene Kartoffelkrusteln ergänzen das Gericht. *(91)*

Dübener geschmorte Rehschulter in Pilzsoße

1 Rehschulter, ausgebeint (etwa 1 kg);

Beize: 1/2 l Rotwein, 1 Zwiebel, 1 Möhre, 1/4 Sellerieknolle, 1 Lorbeerblatt, 2 Nelken, 4 Wacholderbeeren, Salz und Pfeffer, 1 Apfel, 1 Zweig Basilikum, 1 Zweig Thymian;

50 g Sonnenblumenöl, 150 g Rauchfleisch;

300 g Zwiebeln, Möhren und Sellerie;

1 Apfel, 2 Eßl. Preiselbeeren, 150 g saure Sahne;

Pilzsoße: 20 g Champignons, 20 g Pfifferlinge, 20 g Austernpilze, 20 g Steinpilze, 2 Schalotten, 20 g Butter, 1/8 l Sahne, Salz, Pfeffer

Eine Rehschulter, ausgelöst ohne Knochen, für 48 h in eine Rotweinbeize einlegen.

Aus der Beize nehmen, gut abtrocknen, salzen, pfeffern und die Innenseite mit Würfeln von einem Apfel füllen. Einige frische Basilikumblätter und einen Zweig Thymian dazumischen und die Seiten nach der Mitte zusammenschlagen.

Die Schulter nun mit einem Wurstfaden zu einer Rolle formen. In einem Schmortopf oder einer Pfanne gehackte Rohknochen mit Würfelspeck und Wildabschnitten anbraten, die gerollte Rehschulter einlegen und gut anbraten.

Das Röstgemüse, bestehend aus groben Würfeln von Möhren, Sellerie und Zwiebel, sowie Apfelstücke dazugeben und mitrösten. Nun mit der Rotweinbeize ablöschen und ständig wieder einkochen lassen.

Inzwischen feine Zwiebelwürfel in der Butter anschwitzen, Champignon-, Austernpilz- und Steinpilzscheiben sowie kleine Pfifferlinge zugeben, kurz anschwitzen lassen, mit etwas Rotweinbeize ablöschen, mit Crème fraîche auffüllen und auf die Rehschulter gießen, gar schmoren lassen.

Die gare Rehschulter entnehmen, tranchieren und in Scheiben schneiden. Die angerichteten Scheiben mit Preiselbeeren garnieren, mit Apfelrotkohl und Mandelkroketten ergänzen. *(91)*

Rehkotelett mit Pfifferlingen

800 g Rehkotelett (4 Stück), Salz, Pfeffer, 200 g Öl, 250 g Pfifferlinge, 100 g Butter, 2 Eigelb, etwas Zitronensaft, 30 g Crème fraîche, 1 Eßl. gehackte Petersilie, 2 Eßl. geriebene Semmelbrösel

Die Rehkoteletts leicht klopfen und pfeffern. Dann die Pfifferlinge in zerlassener Butter anschwenken, mit etwas Zitronensaft marinieren und mit Salz und Pfeffer würzen. Unter die Pfifferlinge nun die gerührten Eigelbe ziehen und Crème fraîche sowie die gehackte Petersilie dazugeben.

Nun die Rehkoteletts kurz in Öl anbraten, über die Pfifferlinge setzen und mit Semmelbrösel bestreuen. Die Speise im Grill kurz überbacken, bis sich eine leichte Kruste bildet. *(69)*

Rehgulasch mit Preiselbeersahne

750 g Rehschulter oder Keule, 1/4 Rotwein, 75 g Speck, 2 Zwiebeln, 1/2 Orange, 1 Eßl. Preiselbeeren, 1 Eßl. Öl, 50 g Schlagsahne, Mehl, Salz, Pfeffer, 10 Wacholderbeeren, 5 Pfefferkörner, 2 Nelken

Aus 1/8 l Wasser, Wacholderbeeren, Pfefferkörnern und Nelken einen Gewürzsud herstellen, 10 min kochen und dann abkühlen. Nach dem Erkalten Rotwein und Orangensaft zugeben. Mit dieser Beize das gewürzte und in Würfel geschnittene Rehfleisch marinieren, abdecken und über Nacht in den Kühlschrank stellen. Am nächsten Tag das Fleisch in einem Sieb gut abtropfen lassen, den Fond aufheben. In die Pfanne Öl und den gewürfelten Speck geben, diesen glasig werden lassen, die in Würfel geschnittene Zwiebel zugeben, kurz anrösten und danach das Fleisch hineingeben und schön anbraten. Zum Auffüllen Brühe und den Fond vom Marinieren verwenden. Nach dem Fertiggaren die Soße mit etwas Mehl binden und abschmecken. Den angerichteten Rehgulasch mit Preiselbeersahne garnieren. Als Beilage ist Kartoffelpüree und ein Chicoree-Orangen-Salat mit Rosinen zu empfehlen. *(78)*

Gefüllte Wachteln auf Eierteigstäbchen

10 Wachteln, Salz, Pfeffer, 0,3 kg Speck;
Füllung: 0,5 kg Wildfleisch, Leber und Herz der Wachteln, Majoran, Rosmarin, Salz, Pfeffer, 2 Knoblauchzehen, 100 ml Weinbrand, 0,15 kg süße Sahne, 0,10 kg gehackte Pistazien, 0,15 kg Semmelbrösel
Eierteigstäbchen: 4 Eier, 0,5 l Milch, 1 kg Mehl, Kümmel, Majoran, Kerbel, Fett zum Ausbacken, 4 hartgekochte Eier, Pfeffer, Wasser, Salz

Die ausgenommenen Wachteln waschen und trocknen, dann wenig salzen, aber gut pfeffern.
Wildfleisch und Innereien fein hacken, mit den Gewürzen, den zerdrückten Knoblauchzehen, Weinbrand, Sahne, Pistazien und Semmelbrösel gut vermengen und etwa 1 h zugedeckt ziehen lassen. Dann die Wachteln mit der Farce füllen, verschließen und mit Speckstreifen bardieren. Etwa 30 min im vorgeheizten Ofen braten, dabei ständig begießen.
Eier, Milch und Mehl zu einem festen Teig verkneten, mit den Gewürzen abschmecken und leicht gelb färben.
Den Teig in ein Leinentuch als Kloß einbinden und in dem kochenden Salzwasser etwa 80 min ziehen lassen.
Den festen Kloß aus dem Wasser nehmen und in fingerbreite Streifen schneiden. Im heißen Ausbackfett schwimmend knusprig backen und mit den kleingehackten, harten Eiern und grobgemahlenem Pfeffer überstreuen. Die Wachteln darauf anrichten und servieren. Zum Anrichten eignet sich gut Keramikgeschirr. (Das Rezept ist für 10 Personen berechnet.) *(91)*

Fasanenbrüste „Hotel Stadt Leipzig"

6 Fasanenbrüste, 30 g Speck, 35 g Basilikum, Salz, 60 g Olivenöl;

2 Fasanen, 0,5 l Rindsbouillon, 150 ml Crème fraîche, 5 Eigelb, 30 g Schlagsahne;

50 g Champignons, 50 g Pfifferlinge, 50 g Hühnerleber, 40 g Butter

Die Fasanenbrüste häuten, mit Speckstreifen spicken, mit der gespickten Seite nach unten in eine Schüssel legen, mit frischem Basilikum und Salz würzen, mit Olivenöl begießen und 24 h abgedeckt kalt stellen.
Die Karkassen von zwei Fasanen fein stoßen und mit Rindsbouillon auskochen. Diesen Fond passieren, mit Crème fraîche versetzen und zu einer sämigen Soße einkochen, mit einer Legierung aus Eigelb und Schlagsahne binden. Mit dieser Soße in der Rindsbouillon gegartes Ragout aus Champignons (in Vierteln), Pfifferlingen und gewürfelter Hühnerleber versetzen. Das Ragout einmal aufkochen, mittlerweile die eingelegten Fasanenbrüstchen aus dem Öl nehmen, das überflüssige Öl abstreifen, in der geklärten Butter sautieren und in drei dickere Scheiben geschnitten auf dem Ragout anrichten. Dazu Toast reichen. *(91)*

Schüssel-Pastete

Pastetenteig: 3 hartgekochte Eigelb, 140 g Butter, Prise Salz, 180 … 200 g Mehl, 1 Eßl. Rum-
Fülle: Hühnerfrikassee, Schweinefleischklößchen, Pilze oder Fleischreste (Wild, Geflügel), Salz, Pfeffer, Muskatnuß, 3 Eier, 15 g Fleischextrakt, Krume eines Milchbrotes, einige Löffel Sahne

Eigelb fein zerreiben und mit erwärmter Butter, Salz, Mehl und Rum vermengen.
Teig auf einem bemehlten Brett messerrückendick ausrollen. Zwei kreisförmige Teile in der Größe der Pastetenschüssel ausschneiden, mit einem Teil den Boden belegen. Aus den Teigresten eine Rolle formen, die als Rand dient.
Die Fleischfülle auf den Boden geben, mit dem Teigdeckel abdecken, in den eine kleine Öffnung zur Luftabfuhr gemacht wird, und 45 … 60 min im Backofen backen. (Rezept für 5 Personen) *(39)*

Eiergerichte

De Eier, die wohldun däm Manne,
die haut mr manschmah in de Pfanne.
Mr dud se ooch mah riehrn un schlaachng,
grischd se als Guhchng in dn Maachng.
Denn midd ä bissl Fandasie
hadd mr se nich nur morschens frieh
im Eierbächer uffm Dische.
Se gännen green (krönen) de bässde Giche.
Guggd nach im Buch: Fassd gee Gerichd,
was nich in sich e Ei neingrichd!
De Eier sin ganz unendbährlich –
doch allzu viel is ooch gefährlich!

Sächsischer Eierkuchen

20 g Margarine, 50 g Speck, 1/4 … 1/2 l Milch (auch angesäuert), 1 Brötchen, 4 bis 5 Eier, Salz, 2 gehäufte Eßl. Mehl

Margarine zerlassen, Speck darin glasig braten. Das Brötchen in der Milch einweichen und alles zusammen mit Eiern, Salz und Mehl gut verquirlen. Die Masse in die Auflaufform geben und in der Backröhre 25 … 30 min backen. Dazu kann man verschiedene Gemüsesalate (Gurken-, Bohnen-, Kopfsalat) und Kartoffeln (oder Kartoffelsalat) reichen. *(26)*

Gurken-Kartoffel-Salat mit Rührei

1 kg Kartoffeln, 1 große grüne Gurke, Salz, Kümmel, Pfeffer, Schnittlauch, Essig, Öl, Zucker, 1/4 l Milch, 6 Eier, Salz, Muskatnuß

Kartoffeln in der Schale mit etwas Salz und Kümmel kochen. Inzwischen Gurke raspeln oder hobeln, mit Salz bestreuen und ziehen lassen.
Kartoffeln schälen, fein schneiden und mit den Gurkenraspeln bzw. -scheiben, Essig, Öl, Pfeffer, Salz und etwas Zucker vorsichtig vermischen. Schnittlauch reichlich dazugeben.
Die Eier und Milch, Salz und etwas Muskatnuß verquirlen, in eine gefettete Pfanne geben und langsam in der Backröhre garen lassen.
(Zu Großmutters Zeiten wurde die Ofenröhre benutzt, damit das Garen recht langsam vor sich ging und das Rührei mit einer zarten braunen Haut überzogen wurde.)
Das Gericht ist preiswert, schnell und unkompliziert zuzubereiten, und man kann es auch mit erkaltetem Rührei gut zu Ausflügen mitnehmen.
Es sättigt, ist aber energiearm und wegen seiner erfrischenden Wirkung besonders für heiße Sommertage geeignet. *(72)*
Anstatt Gurken und Kartoffeln zu einem Salat zu vermengen, kann man die Kartoffeln auch als Salzkartoffeln extra reichen. Außerdem können dem Rührei Speck- bzw. Wurst- oder Schinkenwürfel zugegeben werden. *(30)*

Nesteier

Kartoffelbrei oder Spinatgemüse, 8 Eier

Kartoffelbrei oder Spinatgemüse in eine feuerfeste gefettete Form füllen. 8 Vertiefungen eindrücken und in jede ein aufgeschlagenes Ei gleiten lassen. In die Röhre stellen, bis die Eier fest sind. Dazu kann man verschiedene herzhafte Salate reichen. *(37)*

Saure Eier

8 Eier, 1/2 l Milch, Margarine, Pfeffer, Salz, Zucker, Weinessig, 3 Eßl. Senf, Mehl

Margarine in einem Topf erhitzen und Mehl hinzugeben, mit etwas kaltem Wasser vermengen. Nun drei Eßlöffel Senf, einen Schuß Weinessig sowie Pfeffer, Salz und etwas Zucker hinzufügen.
Gut umrühren und anschließend die Milch zugießen. Das Ganze ungefähr 10 min auf kleiner Flamme kochen lassen, bis eine sämige, süßsauer schmeckende Soße entsteht. Sollte die Soße nicht sämig genug sein, dann mit etwas in kaltem Wasser gut verrührtem Mehl nachdicken.
Die Soße warm stellen.
Einen Topf mit Wasser füllen, einen Schuß Essig sowie etwas Salz hinzufügen. Wenn das Wasser kocht, die Eier aufschlagen und vorsichtig ins Wasser gleiten lassen. Nur ganz kurz kochen. Anschließend das Wasser mit Hilfe eines Siebes abgießen. Die Eier nun vorsichtig in die Soße gleiten lassen.
Dazu gehören Salzkartoffeln. *(41)*

Eier mit Dillsoße

8 Eier, Margarine, Mehl, Pfeffer, Salz, 1 Prise Zucker, 2 Bund frischer Dill, 1/2 l Milch

Margarine in einem Topf erhitzen, Mehl hinzugeben und mit etwas Wasser sämig rühren. Milch zugießen und weiterhin gut umrühren. Mit Pfeffer, Salz und einer Prise Zucker abschmecken. Die Soße auf kleiner Flamme fünf Minuten weiterkochen lassen, den kleingeschnittenen Dill hinzufügen und weitere zehn Minuten kochen.
Sollte die Soße nicht sämig genug sein, mit etwas in kaltem Wasser gut verrührtem Mehl nochmals binden.

Die Eier aufschlagen und in die leise köchelnde Soße gleiten lassen. Kurze Zeit aufkochen lassen und dann sofort servieren. Dazu gehören Salzkartoffeln. *(41)*
Tip: Die Soße mit 2 Eßl. Crème fraîche verfeinern.

Sol-Eier

Schalen von 4 Zwiebeln, 12 Eier, 3 Eßl. Salz

Reichlich Wasser mit den Zwiebelschalen aufsetzen und ungefähr 15 min kochen lassen, bis das Wasser eine schöne braune Farbe angenommen hat. Die Zwiebelschalen aus dem Wasser schöpfen und wegwerfen.
Die Eier anstechen, damit sie nicht platzen. Dann in dem braunen Wasser gut 10 min kochen lassen, bis sie ganz hart sind.
Anschließend aus dem Wasser nehmen, mit kaltem Wasser abschrecken und abkühlen lassen.
In dieser Zeit 1 1/2 l Wasser mit dem Salz 5 min kochen lassen und anschließend abkühlen. Die Eier etwas anschlagen, damit die Salzlake besser eindringen kann. Die Eier in ein hohes Gefäß aus Glas geben und die Salzlake darübergießen. Das Glas am besten in die Speisekammer stellen. Nach 36 h sind die Sol-Eier fertig.
Die Sol-Eier mit verschiedenen Sorten Senf, mit Mango-Chutney, Chilli-, Worchester-, Mustard- und Sojasoße, Ketchup in verschiedenen Sorten, Mayonnaise, Estragon-, Pfeffer-, Knoblauch- und Kräuter-Essig auf einem großen Tablett servieren; Salz- und Pfefferstreuer nicht vergessen. Außerdem verschiedene Brotsorten, Salzgurken, Radieschen, Mixed Pickles und vielleicht eine Schinkenscheibe bereitstellen.
Zuerst die harten Eier quer durchschneiden.
Das Eigelb vorsichtig aus den Eihälften auf den Teller drücken.
Die leeren Eihälften auf Serviettenringe stellen, nach Geschmack füllen und zum Schluß das Eigelb wieder wie ein Hütchen daraufsetzen.
Klassische Würzkombinationen: Essig, Öl, Pfeffer, Salz und Senf. *(69)*

Sächsisches Liebesmahl

„Sächsisches Liebesmahl“

500 g Kalbsbries, Salz, 1 Lorbeerblatt, 1 Nelke, 1 Bund Petersilie, 250 g Spargel, Zucker, 250 g Sellerie, 1 Kalbsniere, 75 g Butter, 1/8 l süße Sahne, 1 Handvoll Kerbel, 6 Eier, 4 Krebsschwänze, 1/2 Bd. Schnittlauch

Das Kalbsbries waschen und putzen, dann kurz in kochendes Salzwasser legen, bis es etwas fest geworden ist. Jetzt die restliche Haut und die Äderchen entfernen. Das Bries in 3/4 l Wasser mit Lorbeerblatt, Salz, Nelke und Petersilienstielen etwa 20 min leise kochen und dann abkühlen lassen. Anschließend in Scheiben schneiden.
Den Spargel schälen, in Salzwasser mit 1 Prise Zucker 18 bis 20 min kochen lassen, dann in 6 cm lange Stücke schneiden und warm halten. Den Sellerie waschen, in Scheiben schneiden, schälen und 12 min in Salzwasser gar kochen, in Würfel schneiden, warm halten.
Die Sahne mit den Eiern verquirlen, dann mit 10 g Butter in einer Pfanne stocken lassen, dabei große Schollen vom Rand zur Mitte schieben. Die Krebsschwänze aus der Schale brechen, in der restlichen Butter kurz erwärmen. Auf einer vorgewärmten Platte in der Mitte das Ei anrichten, mit gehacktem Schnittlauch und Petersilie bestreuen. Fleisch, Spargelstücke, Selleriewürfel und Krebsschwänze ringsherum anrichten. *(69)*

Spiegeleier auf gebratenen Kartoffelklößen

8 Eier, 60 g Butter oder Margarine, 4 Kartoffelklöße, 90 g Rauchspeck, 1 Bund Petersilie, Salz

Die gekochten Kartoffelklöße in Scheiben schneiden und in der Eierpfanne kurz anschwitzen, mit etwas Salz bestreuen.
Die aufgeschlagenen Eier, ohne das Eigelb zu verletzen, auf die Klöße geben und stocken lassen. Durch Abdecken oder durch Fertiggaren im Ofen kann über dem Eigelb ein mattschimmernder Überzug erreicht werden, der dem Namen Spiegelei gerecht wird. Beim Servieren die Spiegeleier mit dem angebratenen Rauchspeck garnieren und mit Petersilie bestreuen bzw. auf Grünkohl oder Blattspinat anrichten. *(69)*

Spiegeleier nach Gärtnerart

8 Eier, 60 g Margarine oder Butter, 40 g Sauerampfer, 1/2 Kopfsalat, 90 g Rauchspeck, Salz

Sauerampfer und Kopfsalat in feine Streifen schneiden und in der Eierpfanne kurz anschwitzen, mit etwas Salz bestreuen.
Danach die aufgeschlagenen Eier, ohne das Eigelb zu verletzen, in die Pfanne geben und zugedeckt stocken lassen.
Die Spiegeleier auf einem Teller anrichten und mit dem angebratenen Rauchspeck garnieren. Als Beilage reicht man Kartoffelsalat oder Kartoffelbrei. *(69)*

Gebackene Eier mit Speck und Tomatenfilets

8 Eier, 4 Tomaten, 120 g Speck, 200 ml Speiseöl, 1 Bund Kresse, Salz, Pfeffer (weiß)

Zuerst die Eier aufschlagen und jeweils einzeln in eine Tasse geben, die Eier mit Salz und Pfeffer würzen.
Danach die Eier in das erhitzte Öl gleiten lassen und das Eiklar um das Dotter schlagen, 2 min backen.
Den Speck zu Speckkämmen schneiden und in einer Pfanne anbraten.
Nachdem die Tomaten gebrüht, geschält, vom Kerngehäuse befreit und in Filets geschnitten sind, kurz mit den Speckkämmen anbraten.
Die gebackenen Eier mit den Speckkämmen, den Tomatenfilets und der Kresse garnieren, dazu Kartoffelbrei oder Zwiebelbratkartoffeln reichen. *(69)*

Gebackene Eier mit jungem Gartengemüse

8 Eier, 200 ml Speiseöl, 200 g Butter, 280 g Möhrenstifte, 240 g Brokkoliröschen, 200 g Blumenkohlröschen, 200 g Bohnen, 80 g Zuckerschoten, 800 g geschälte Kartoffeln, 1 Bund Petersilie, Salz, Pfeffer (weiß)

Zubereitung der gebackenen Eier s. vorhergehendes Rezept (Gebackene Eier mit Speck und Tomatenfilets). Das geputzte Gemüse blanchieren und in Butter anschwenken.
Gartengemüse und Kartoffeln rund um die gebackenen Eier anrichten, mit der frisch gezupften Petersilie bestreuen. *(69)*

Verlorene Eier mit Krebsen und Spargel

8 Eier, Essig, 8 Krebsschwänze, 150 g Spargelköpfe, 200 g Butter, 150 g Crème fraîche, 1 Bund Petersilie, Salz, Pfeffer

Die Eier einzeln aufschlagen und in leicht siedendes Essigwasser gleiten lassen; das Wasser darf nicht mehr aufwallen!
Die Eier herausnehmen, solange das Eigelb weich ist.
In der Zwischenzeit Krebsschwänze und Spargelköpfe in Butter anschwenken.
Für die Rahmsoße die verbleibende Butter warm aufschlagen und mit Crème fraîche verfeinern.
Die Eier mit der Rahmsoße überziehen und mit den Krebsschwänzen und Spargelköpfen anrichten. Dazu empfehlen sich Schloßkartoffeln. *(69)*
Tip: Statt Schloßkartoffeln wilden Reis oder feinen weißen Langkornreis reichen.

Verlorene Eier Bäckerart

8 Eier, Essig, 8 Scheiben Weißbrot, 120 g Butter, 400 g Champignons, 80 g Reibekäse

Zubereitung der Eier wie im vorigen Rezept (Verlorene Eier mit Krebsen und Spargel). Die Eier auf ausgestochene Röstbrotscheiben setzen. Zusammen mit den frisch angeschwenkten Champignons und dem Reibekäse den Toast kurz überbacken. Dazu reicht man frischen Salat. *(69)*

Gekochte Eier in Senfsoße

8 Eier, 150 g Butter, 120 g Weizenmehl, 100 g Kondensmilch, 300 ml Rinderbrühe, Zitrone, Senf, Zucker, Salz, Pfeffer (weiß)

Für die Zubereitung der Senfsoße eine weiße Mehlschwitze aus Butter und Weizenmehl bereiten. Nachdem diese erkaltet ist, mit der heißen Brühe auffüllen, mit Salz und Pfeffer würzen und mit Senf abschmecken.
Nachdem die Soße gut durchgekocht ist, durch ein Sieb passieren und mit Kondensmilch vollenden. Eine feine süß-saure Note erhält die Soße durch die Zugabe von wenig Zucker und Zitrone.
Die Eier weich kochen, schälen und in die fertige Senfsoße geben.
Zu diesem Gericht eignen sich besonders Petersilienkartoffeln und frische Krautsalate. *(69)*

Eier-Frikassee mit Rinderzunge und grünem Spargel

8 gekochte Eier, 150 g Butter, 120 g Weizenmehl, 300 ml Rinderbrühe, 100 g Kondensmilch, 120 g gekochte Rinderzunge, 150 g grüner Spargel, 200 ml Weißwein, 1 Bund Petersilie, Salz, Pfeffer (weiß)

Für die Soße eine weiße Mehlschwitze aus Butter und Weizenmehl bereiten. Nachdem diese erkaltet ist, mit heißer Brühe auffüllen, mit Salz und Pfeffer würzen und mit Weißwein abschmecken.
Die Soße gut durchkochen lassen, durch ein Sieb passieren und mit Kondensmilch vollenden.
Die Rinderzunge in Streifen oder Würfel, die gekochten Eier in grobe Stücke schneiden und beides in die fertige Soße geben.
In der Zwischenzeit den Spargel in Salzwasser kochen. Beim Anrichten den Spargel über das Frikassee legen und als Beilage Petersilienkartoffeln oder Kartoffelbrei reichen *(69)*

Omelett mit gebratenen Waldpilzen und frischen Gartenkräutern

8 Eier, 50 g Käse, 20 g Mehl, 3 Eßl. Milch, 600 g geputzte Waldpilze, 120 g Zwiebeln, 1 Bund Gartenkräuter, 120 g Margarine oder Butter, Salz, Pfeffer, gemahlener Kümmel

Für die Zubereitung der Pilze zuerst die Zwiebeln in Würfel schneiden und anbraten. Dazu die geschnittenen Waldpilze geben, alles gut durchbraten lassen und mit Salz, Pfeffer und einer Prise Kümmel würzen.
Die Eier aufschlagen, verquirlen, salzen, pfeffern, nach und nach Mehl, geriebenen Käse und Milch dazugeben und glattrühren.
In eine mit Butter ausgestrichene Pfanne geben und leicht rühren.
Sobald die Eier stocken, die Pfanne vom Herd zurückziehen und das Omelett zur Hälfte zusammenschlagen.
Das Omelett auf einen Teller anrichten, die gebratenen Pilze darübergeben und alles mit den frisch gehackten Gartenkräutern bestreuen. *(69)*

Omelett mit Schinken

8 Eier, 80 g gekochter Schinken in Scheiben, 40 g Reibekäse, 15 g Mehl, 3 Eßl. Milch, 60 g Margarine, Salz, Pfeffer (weiß)

Die Eier aufschlagen, verquirlen, salzen, pfeffern und nach und nach Mehl, Käse und Milch dazugeben, glattrühren.
Danach in eine mit Butter ausgestrichene Pfanne geben und leicht rühren.
Sobald die Eier stocken, die Pfanne vom Herd zurückziehen. Das Omelett mit Schinkenstreifen und Butterflocken belegen und kurz im Grill erwärmen.
Danach zusammenrollen, in Scheiben schneiden und anrichten. Als Beilage eignen sich Salate der Saison und geröstetes Brot. *(69)*

Omelett mit gebeizten Sauerkirschen

8 Eier, 30 g Puderzucker, 350 g entsteinte Sauerkirschen, 1 Päckchen Vanillinzucker, 50 ml Rotwein, 60 g Margarine oder Butter, 20 g Kartoffelstärke

Die Sauerkirschen mit etwas Wasser im Topf erhitzen, Vanillinzucker und Rotwein dazugeben, mit Kartoffelstärke abziehen.
Das Omelett zubereiten wie unter „Omelett mit gebratenen Waldpilzen und frischen Gartenkräutern")
Das Omelett auf einem Teller anrichten, mit Puderzucker bestreuen und mit einem heißen Stab ein Muster daraufbrennen. Die heißen Sauerkirschen darübergeben. *(69)*

Gemüsegerichte

Schon wähschn wischdscher Viddamiene
geheerd ins Gochbuch ooch äs Griene,
das mr beim Grienewarenmann (Gemüsehändler)
glei um de Egge goofn gann.
’s gibd heide viel neimodsche Sachng –
da gammr allorhand draus machng.
Doch ’s muß nich Avogahdo sinn –
mr grischd midd Bluhmgohl ooch was hin.
Un Borree, Weißgraud, Ärbsen, Mährn
duhn off e säggsschn Disch gehährn.
Guggd off das „Leibdsscher Allorlei“ –
da is glei alles midd drbei,
was säggssche Schräbergärdn biedn.
(Mr sollde sich doch glei een’ miedn!)

Schmorgemüse

1 kg verschiedene heimische Gemüse (besonders Möhren, Erbsen, Sellerie, Kohlrabi, Porree, Bohnen), 2 Zwiebeln, 400 g Gehacktes oder Geschabtes (oder beides zu gleichen Teilen), 2 Eßl. Öl, Salz, Pfeffer, Paprika, Majoran und weitere Gewürze nach Geschmack

Das Öl (oder Margarine) in einen Topf oder in eine Pfanne geben und leicht erhitzen. Die in Würfelchen geschnittene Zwiebel sowie das gewaschene und zerkleinerte Gemüse darin anschwitzen. Nach 7 … 10 min das Gehackte oder Geschabte mit den Fingern zerpflücken und dazugeben. Nach weiteren 10 min etwas Wasser zugeben, würzen und schmoren.
Als Beilage eignen sich Toastecken oder körnig gekochter Reis. *(11)*

„Schönes Gemüsetopf"

2 mittelgroße Karotten, 1 mittelgroßer Kohlrabi, 100 g Knollensellerie, 150 g grüne Bohnen, 100 g junge Erbsen (oder Schoten), 4 bis 5 Blumenkohlröschen, 80 g Waldpilze (frisch, aus der Dose oder getrocknet), 4 kleine Kartoffeln, 2 Tomaten, saure Sahne, 3 Eßl. Speiseöl, 1/2 Teel. Salz, 1 Prise Pfeffer, 1 kleine Zwiebel mit Lauch, 1 Bund Petersilie, 1 Prise Zucker

Gemüse gründlich putzen. Karotten, Kohlrabi und Sellerie in Stifte, Bohnen in etwa 2 cm lange Stücke schneiden. Blumenkohlröschen gut abtropfen lassen. Pilze schneiden. (Getrocknete Pilze vorher einweichen.) Tomaten häuten und in große Würfel schneiden. Kartoffeln schälen, halbieren oder vierteln. Petersilie wiegen, Zwiebel in feine Ringe, Lauch grob schneiden. Zwiebeln in heißem Öl glasig braten, Karottenstücke zugeben, etwa 2 min schmoren.
Kohlrabi, Sellerie, grüne Bohnen, Pilze, Kartoffeln und Zwiebellauch zugeben, mit der Hälfte des Salzes und 1/3 der Petersilie bestreuen und dann zugedeckt bei kleinem Feuer dünsten lassen (5 min).
Blumenkohlröschen zugeben, nach 3 min die Tomatenstücke zufügen, das restliche Salz und den Pfeffer überstreuen, wieder 1/3 der Petersilie zugeben und noch einmal 5 … 7 min bei geschlossenem Topf garen. Mit einer Prise Zucker abschmecken. Erst am Ende der Garzeit vorsichtig umrühren, damit das Gemüse nicht zerfällt, es sollte bißfest bleiben.
Beim Anrichten die restliche Petersilie darübergeben, nach Belieben mit saurer Sahne anrichten.
Bei vorsichtigem Garen ist eine Flüssigkeitszugabe nicht erforderlich!
Statt Kartoffeln kann man auch Nudelreste oder Reis zugeben. Ohne Kartoffeln auch als Bratenbeilage geeignet. Dazu schmeckt ein Blattsalat mit vielen frischen Kräutern.

Für Fleischliebhaber:
Im Öl geschnetzeltes Geflügelfleisch oder Schweinefleisch anbraten und dann weiter wie beim Gemüsetopf zubereiten. Und wer es mag, gibt mit den Tomaten 150 g in Würfel geschnittene grüne Gurke zu.
Das Gericht macht zwar etwas Arbeit, schmeckt aber so gut, daß die Portionen etwas reichlich bemessen sein dürfen! *(16)*

Sächsischer Rosenkohl, überbacken

750 g Rosenkohl, 300 g gekochter Schinken, 150 g Goudakäse, 1/2 Brühwürfel oder Bouillon

1/4 l Wasser zum Kochen bringen, Brühwürfel bzw. Bouillon zugeben und darin den geputzten Rosenkohl 20 min kochen. Den Schinken in Streifen schneiden und unter das Gemüse mischen. Käse ebenfalls in Streifen schneiden und den Rosenkohl damit gitterartig belegen. Im Backofen gratinieren, bis der Käse schmilzt.
Die ideale Beilage für dieses Gericht ist Kartoffelpürree. *(31)*

Rosenkohl

2 Eßl. Butter, 1 kg Rosenkohl, 1/8 l Wasser, 1 Teel. Salz

Die Röschen putzen, waschen, in heißer Butter dünsten, die kochende Flüssigkeit zugießen, weichkochen und mit Salz abschmecken.
Rosenkohl kann man auch im Kartoffeldämpfer kochen und dann mit Butter schwenken. *(86a)*

Jedes Gemüse zu seiner Zeit.

Leipziger Allerlei – heute

160 g feine Schoten, 200 g Kohlrabi, 240 g Blumenkohl, 160 g Spargel, 240 g Karotten, Wasser;

20 g Krebsbutter, 80 g Morcheln, 12 Scampis, 120 g Mehl, 80 g Sahne, 1 Brötchen, 40 g geriebene Semmel, 2 Eier, 40 g Butter, 100 ml Milch;

1 große Prise Kümmel, 1 große Prise Koriander, 1 kleine Prise Muskat, 1 kleine Prise Pfeffer;

3 Stiele Dill, 4 Stiele Petersilie, 6 Stiele Kerbel, 2 Stiele Estragon, 1 Stielspitze Liebstöckel, 2 Blätter Sellerieкraut, 3 Stiele Zitronenmelisse, 2 große Prisen Salz

Das Gemüse putzen und wenn nötig häppchengerecht zerkleinern. Jedes Gemüse für sich in wenig mit Salz, Muskat Pfeffer und Liebstöckel gewürzter Flüssigkeit bißfest dünsten. Die Scampis in einem Fond aus Wasser, Salz, Kümmel, Petersilie, Dill und Estragon 10 min kochen, herausnehmen und ausbrechen.

Brötchen in Milch einweichen, ausdrücken und zerbröseln. Dazu die geriebene Semmel, Eier, 20 g Butter und 80 g Mehl sowie Salz, Koriander und gehackte Petersilie geben, alles zu einer Masse verarbeiten und anschließend zu kleinen Klößchen formen. Diese in dem gewonnenen Gemüsefond garen.

In einem Topf die Butter zergehen lassen, 40 g Mehl hinzugeben und die Mehlschwitze mit dem Gemüsefond auffüllen. Die Soße mit Kerbel, Zitronenmelisse und Liebstöckel würzen.

In einem anderen Topf die Krebsbutter zergehen lassen, mit dem Fond der Scampis auffüllen und mit Dill würzen.

Das Gemüse nun anrichten und dazu die Klößchen und die Scampis geben.

Das ganze Arrangement mit den zweierlei Soßen jeweils den Zutaten entsprechend überziehen und mit frischen Salzkartoffeln servieren. *(77)*

Leipziger Allerlei – für festliche Anlässe

250 g Möhren, 250 g Kohlrabi, 500 g Schoten (Kerne und grüne Schalen der Schoten), 250 g Spargel, Blumenkohl, Morcheln, einige Krebse, 150 g Butter, 2 Eier, Muskatblüte, geriebene Semmel, 50 g Mehl

Möhren und Kohlrabi putzen, in gleichmäßig lange Streifen schneiden, von den Schoten die innere harte Haut abziehen und alles mit den Schotenkernen in Salzwasser kochen. Den geschälten, in fingerdicke Streifen geschnittenen Spargel in leichter Bouillon dünsten. Blumenkohl in Röschen teilen und in Milchwasser, dem man Salz und Butter zusetzt, kochen. Morcheln teilen und in Butter weich dämpfen. Gesottene Krebse zerteilen, die Schwänze vorsichtig ausbrechen und die ausgeputzten Nasen mit Salz abreiben. In 50 g schaumig gerührter Butter die Eigelbe und das zu Schnee geschlagene Eiklar mit etwas Muskatblüte und geriebener Semmel vermengen. Mit dieser Farce die Krebsnasen füllen. Aus dem Rest Klößchen formen und beides 5 min in Salzwasser kochen. Danach aus etwa 100 g Butter und 50 g Mehl eine Mehlschwitze bereiten und so viel Spargel- und Blumenkohlwasser zugeben, daß man eine dicke Soße bekommt. Das Mischgemüse (außer den Morcheln) in eine Schüssel füllen und die Soße darübergießen. Dann Klößchen und Krebsschwänze dazugeben, alles mit brauner Butter beträufeln und obenauf Morcheln, Krebsnasen und -scheren anrichten. *(34)*

Leipziger Allerlei

Man putzt kleine Kohlrabi, Carotten und Spargel sehr sorgfältig und schotet die grünen Erbsen (Schoten) aus den Hülsen; Blumenkohl wird von den großen Stielen und Blättern befreit und in kleine Rosen zertheilt. Nun kocht man den Kohlrabi allein in Salzwasser, den Spargel, die Schoten und die Carotten in Salzwasser mit Zucker und den Blumenkohl in Salzwasser mit Butter weich. Darauf macht man von 50 Gramm Butter und 15 Gramm Mehl eine helle Einbrenne, welche man mit Fleischbrühe und dem Gemüsewasser (mit Ausnahme des Kohlrabiwassers) verkocht. Jetzt giebt man die Gemüse, jedoch ohne den Blumenkohl in die Sauce, läßt es nochmals aufkochen und schmeckt das Gericht mit reichlichem Zucker und etwas Salz ab. Es wird angerichtet und so zierlich wie möglich mit dem Blumenkohl und Semmelklößchen oder feinen Klößchen garniert. *(85a)*

Kürbisschnitzel

1 kg festes Kürbisfleisch, 3 Eier, Mehl, Semmelbrösel, Öl zum Braten, 2 Zitronen, Pfeffer, Salz,

Den Kürbis in ungefähr 1 cm dicke Scheiben schneiden. Danach die Scheiben auf beiden Seiten mit Pfeffer und Salz würzen. Die Gewürze etwa 15 min einziehen lassen. Nun die Kürbisscheiben erst in Mehl, dann in geschlagenem Eigelb und in Semmelbröseln wenden und in heißem Öl braten.
Die Kürbisschnitzel mit Zitronenscheiben und Petersilie garnieren und dazu Kartoffelbrei reichen. *(41)*

Frühlingsgratin

200 g zarte Kohlrabi, 200 g junge Möhren, 200 g Zuckerschoten, 200 g grüner Spargel, 800 g Kartoffeln, 1 Bund Frühlingszwiebeln, 40 g Butter, 1 Bund Petersilie, Muskatnuß, gerieben, Salz, 1/8 l saure Sahne, 2 Eier, 2 Eßl. Haferflocken, 50 g geriebener, milder Schnittkäse, 2 Eßl. Olivenöl

Kohlrabi putzen, zarte Schale abziehen und hobeln, die jungen Blätter zur Petersilie legen. Die jungen Möhren bürsten, Wurzel entfernen, in dünne Scheiben schneiden. Zuckerschoten waschen, Fäden abziehen. Grünen Spargel waschen, Enden abschneiden. Neue Kartoffeln gründlich bürsten, hobeln. Frühlingszwiebeln waschen, schräg in Scheiben schneiden. Eine Auflaufform mit Butter ausstreichen. Backofen auf 220 °C vorheizen. Die Kohlrabiblätter und die Petersilie fein wiegen, je zur Hälfte mit dem Kohlrabi und den Möhren mischen. Die Zwiebel in Butter goldgelb anbraten.

Das Gemüse in folgenden Schichten in die Form legen: Zuerst die Zwiebeln mit den Kartoffeln mischen. Kartoffeln (etwas salzen), Möhren, Zuckerschoten (etwas salzen), Kartoffeln (salzen), Kohlrabi (mit Muskat würzen), Kartoffeln (salzen), Spargel (etwas salzen, mit Muskat würzen).

Die saure Sahne mit den Eiern verquirlen, etwas salzen, über das Gemüse gießen. Den geriebenen Käse mit den Haferflocken mischen, darüberstreuen und mit Olivenöl beträufeln.

Auf der mittleren Einschubleiste etwa 40 … 45 min backen. *(35)*

Gebratener Blumenkohl

1 großer Blumenkohl, 4 Eier, geriebene Semmel, Pflanzenöl, Salz

Blumenkohl im Ganzen fast gar dünsten. Dann in einzelne Röschen zerteilen, in gesalzenem verrührtem Ei und anschließend in geriebener Semmel wälzen. In Pflanzenöl rundum goldbraun braten.

Dazu Petersilienkartoffeln oder Kartoffelbrei geben. *(42)*

Tip: Aus energiereduzierter Mayonnaise, etwas Sahne oder Crème fraîche, gehackten gemischten Kräutern (Basilikum, Schnittlauch, Petersilie), etwas Kräutersalz, nach Geschmack auch in feine Würfel geschnittene Gurke und Ei eine Kräuterremoulade herstellen und zum Blumenkohl servieren. Dazu Pellkartoffeln in der Schale reichen.

Gartengemüse übertreffen die seltensten Leckerbissen.

Blumenkohl mit Gewiegtem

1 Blumenkohl, 500 g Hackfleisch, 1 Ei, 1 Zwiebel, Salz, Pfeffer, 40 g Margarine, 40 g Mehl, 1 bis 1 1/2 l Brühe

Blumenkohl waschen und in Röschen teilen. Wasser mit Salz zum Kochen bringen und den Blumenkohl etwa 10 min garen. Hackfleisch mit zerkleinerter Zwiebel, Salz, Pfeffer und Ei durchkneten. Die Masse mit nassen Händen zu kleinen Bällchen formen und diese rund 5 min in der Blumenkohlbrühe garziehen lassen.
In einem Topf die Margarine schmelzen und unter ständigem Rühren das Mehl zugeben. Nach und nach mit Blumenkohlbrühe auffüllen. Blumenkohlröschen und Hackfleischbällchen in die Soße geben und kurz aufkochen lassen. Dazu Salzkartoffeln reichen. *(54)*

Kartoffelklöße mit Spinat

200 g frischer Spinat oder 200 g Feinfrost-Spinat (grob), 30 g frische Butter, 30 g Mehl, 400 g Pellkartoffeln, 1 Ei, Salz, Muskat, Pfeffer, 30 g geriebener Käse oder geröstete Zwiebeln, geröstete Speckwürfel, braune Butter

Die Zwiebel in kleine Würfel schneiden, in der Butter anschwitzen, bis sie glasig ist, das Mehl sowie den roh gehackten oder Feinfrost-Spinat zugeben und einige Minuten dünsten lassen.
Die erkalteten Pellkartoffeln schälen, reiben oder durch eine Kartoffelpresse geben. Danach mit Ei, Muskat, Salz und Pfeffer und dem Spinat mengen. Aus der Masse kleine Klöße formen und etwa 10 min in Salzwasser leise köcheln lassen.
Die fertigen Klöße können dann nach Belieben mit geriebenem Käse, gerösteter Zwiebel oder Speck überstreut oder mit brauner Butter beträufelt werden. *(52)*

Spinatklößchen mit Brot

500 g frischer Spinat oder 300 g Feinfrost-Spinat (grob), 20 g Mehl, 60 g Butter od. Margarine, 1 Zwiebel, 1/4 l Milch, 60 g Weißbrot oder Toastbrot, 20 g geriebene Semmel, Salz, Pfeffer, Muskat, 1 Bund Petersilie

Den gewaschenen und roh gehackten bzw. Feinfrost-Spinat mit dem Mehl und der Hälfte der Butter dünsten.
Das kleingeschnittene Brot in der Milch einweichen, ausdrükken und durch den Fleischwolf geben. Mit der zweiten Hälfte der Butter die in Würfel geschnittene Zwiebel glasig anschwitzen und mit der gehackten Petersilie der Brotmasse zugeben. Aus der Brotmasse und dem kurz gedünsteten Spinat einen Teig herstellen, der mit den Gewürzen abgeschmeckt wird.

Daraus kleine Klöße formen und in Salzwasser oder Gemüsebrühe köcheln, bis sie obenauf schwimmen, einige Minuten ziehen lassen und mit dem Schaumlöffel herausheben. Auf vorgewärmter Platte anrichten und mit der in Butter gerösteten geriebenen Semmel überstreuen. *(52)*

Mangold

1 kg Mangold, 1 Eßl. Fett oder Butter, 1 kleine Zwiebel, 1 Eßl. Mehl oder geriebene Semmel, 1/8 l Wasser oder Brühe, Salz

Den Mangold verlesen, mehrmals gründlich waschen und fein wiegen. In dem zerlassenen Fett feingeschnittene Zwiebel und Mangold dünsten, Mehl darüberstreuen, durchschwitzen lassen, Wasser oder Brühe auffüllen, mit Salz abschmecken, durchkochen lassen. Zum Schluß noch etwas rohen gewiegten Mangold zugeben. Als Beilage eignen sich Bratkartoffeln, Kartoffelnudeln oder auch Kartoffelpuffer. *(86a)*

Dresdner Weißkraut mit Klößen

400 g Rinderbrust ohne Knochen, 1 kg Weißkraut, 60 g Schmalz, Kümmel, Pfeffer, 1/2 l Brühe, 300 g Mehl, Zucker, Eier, 150 g Weißbrot, 40 g Margarine, Petersilie

Die Rinderbrust kochen und in Würfel schneiden. Das Weißkraut putzen, grob schneiden und in Schmalz anschmoren. Mit der passierten Brühe auffüllen, Kümmel und Pfeffer zufügen und kochen lassen. Mehl, Zucker und Eier zu einem weichen Teig verarbeiten, Weißbrotwürfel in Margarine rösten und zugeben. Klöße abstechen und zusammen mit dem Weißkraut garen. Die Rindfleischwürfel hineingeben, das Gericht mit gehackter Petersilie bestreut anrichten. *(63)*

Sauerkraut

750 g Sauerkraut, 50 g Fett oder Speck, 1 Zwiebel, 1 Teel. Kümmel, 1/2 Eßl. Salz, 3/4 l Wasser oder Brühe, 1 Kartoffel

Das Kraut waschen und ausdrücken. Das Fett zerlassen und darin das Kraut dünsten. Zwiebel, Salz, Kümmel und Flüssigkeit dazugeben, Kraut weichkochen, die rohe Kartoffel daranreiben, gut rühren, durchkochen lassen und abschmecken. Zum Schluß kann man auch noch etwas rohes Sauerkraut unterrühren. *(86a)*

Krautwickel

1 kleines Weißkraut, 300 g Hackfleisch, 100 g Schweineherz, 200 g Rauchfleisch, 50 g Speck, 150 g Möhren, 200 g Zwiebeln, 1 Brötchen, 1 Ei, 30 g Mehl, 1/2 l Brühe, 1/4 l Sahne, gehackter Kümmel, Salz, Pfeffer, 1 Teel. Tomatenmark

Aus dem Krautkopf den Strunk herausschneiden, das Weißkraut kurz mit kochendem Wasser überwallen und erkalten lassen. Die Krautblätter vorsichtig lösen, je Portion 4 große Blätter auf dem Tisch verteilen, die kleinen Blätter darauflegen und mit gehacktem Kümmel bestreuen.

Für die Füllung Hackfleisch, Ei, feine Zwiebelwürfel, ein in Wasser eingeweichtes, gut ausgedrücktes Brötchen, Pfeffer und Salz gut durchkneten.

Das rohe Schweinsherz in Würfel schneiden. In Scheiben geschnittenes Rauchfleisch kurz in kochendes Wasser geben. dann in Würfel schneiden und mit dem Herz unter die Hackmasse mengen.

Portionierte Hackmase in die Weißkrautblätter einrollen, Rouladen formen und festbinden oder -stecken.

In einer flachen Pfanne Speckwürfel auslassen, eine zerkleinerte Zwiebel und Möhrenscheiben darin anschwitzen, Krautwickel einlegen und in der Röhre schmoren lassen.

Dann Tomatenmark zugeben, Mehl darüber stäuben, mit Brühe auffüllen, den Ansatz durchkochen lassen und zuletzt mit Sahne verfeinern.

Krautwickel schmecken mit Kartoffeln am besten. *(69)*

Rotkraut

1,5 kg Rotkraut, 2 Eßl. Fett oder Speck, 1/8 l Wasser, 4 Eßl. Zucker, 1/2 Eßl. Salz, 1 Teel. gestoßener Zimt und Nelken, 2 Äpfel

Das Kraut vorbereiten, fein schneiden oder hobeln, den Speck zerlassen und das Rotkraut darin dünsten. Mit wenig Flüssigkeit weichkochen, dann die Gewürze und die geriebenen Äpfel zugeben und abschmecken. *(86a)*

Seußlitzer Spargelroulade mit Petersilienkartoffeln

1 kg Spargel, 200 g Kochschinken, 200 g Butter, Salz

Den frischen Spargel dünn schälen. Die Schale auskochen, den Ansatz durchsieben, den Spargel in den Spargelfond geben und garziehen lassen.
Die abgetropften Spargelstangen jeweils in eine Scheibe Kochschinken zu einer Roulade wickeln.
In den Spargelfond etwas Butter geben, die Spargelrouladen einlegen und alles in der Röhre warm werden lassen.
Die Seußlitzer Spargelrouladen richte man mit zerlassener Butter und Petersilienkartoffeln an. *(69)*

Auflauf von Kohlrabi mit Grünkern und Tomaten

600 g Kohlrabi, 600 g Tomaten, 100 g Grünkern, Liebstöckel;
40 g Haselnüsse, geröstet und geschält, 8 Eier, 50 ml saure Sahne;
10 Stiele Basilikum, 20 Stiele Kerbel, 10 Stiele Dill, 2 Stiele Rosmarin, je 1 Messerspitze Koriander, Pfeffer, Salz

Den Kohlrabi schälen, vierteln, in Scheiben schneiden und blanchieren. Die Tomaten brühen, schälen und ebenfalls kleinschneiden. Den Grünkern in Wasser einweichen (Verhältnis 1:2) und eine Stunde kochen. Dem Einweichwasser zwei Spitzen Liebstöckel sowie etwas Salz beifügen. Kohlrabi, Grünkern, Tomaten und Haselnüsse anschließend mit den gehackten Kräutern vermischen und in eine Auflaufform füllen. Die mit Sahne verrührten Eier darübergeben und den Auflauf in der Backröhre bei 170 °C 40 min backen. Den fertigen Auflauf in Portionsstücke teilen und mit Petersilienkartoffeln auftragen. *(77)*

Sauerkraut mit Knoblauch

1 kg Sauerkraut, Kümmel, Lorbeerblatt, Piment, Pfefferkörner, 1 kleine Zwiebel, 1 bis 2 Knoblauchzehen, 100 g Speck

Sauerkraut mit Kümmel, Lorbeerblatt, Piment und Pfefferkörnern garen. Zum Schluß, wenn es vom Herd genommen wurde, Zwiebel und Knoblauchzehen kleinschneiden und unterrühren, dann noch ausgelassenen Speck darangeben. *(71)*

Kräutergehacktes nach Kleingärtner Art

400 g Borretsch, 200 g Crème fraîche; 20 Stiele Majoran, 50 Stiele Thymian, 20 Stiele Bohnenkraut, 30 Stiele Basilikum, 30 g Kerbel, 2 Zwiebeln (klein), 2 Zehen Knoblauch, 50 g Dillspitzen, 40 g Öl, je 3 große Prisen Pfeffer, Salz, 1 große Prise Mazis; 6 Stiele Selleriekraut, 10 Blätter Salbei, 20 Stiele Estragon, 3 Stiele Liebstöckel, 100 g Eibischblätter, 20 Stiele Zitronenmelisse, 50 g Bibernelle

Sämtliche Kräuter putzen, waschen und durch den Wolf drehen. Gehackte Zwiebel, mit Salz verriebenen Knoblauch, Crème fraîche sowie Öl und Pfeffer mit den Kräutern vermischen. Das Kräutertatar in runder Form anrichten, in die Mitte ein Eigelb geben und mit Borretschblüten sowie Paprikastreifen garnieren.
An den warmen Sommertagen wird diese Speise mit den frischen Kräutern aus eigener Ernte bevorzugt hergestellt und mit Bratkartoffeln oder Salzkartoffeln sowie gegrilltem Fleisch serviert. *(77)*

Rotkohlroulade mit Maronenmus

4 große in 1/2 l Brühe kräftig blanchierte Rotkohlblätter, 200 g Eßkastanien (Maronen), 60 g Schinkenspeck, etwas Zucker, 40 g Butterschmalz, etwas gemahlener schwarzer Pfeffer und Salz

Den kleinwürfelig geschnittenen Schinkenspeck auslassen, die geputzten und zerkleinerten Eßkastanien zusetzen und mit anrösten, etwas abkühlen lassen und mit einer Prise Zucker würzen.
Den Mittelrippenansatz der Rotkohlblätter entfernen, die Blätter mit Pfeffer und Salz würzen und die vorbereitete Masse einrollen.
Das Butterschmalz in einer Kasserolle erhitzen, die Rotkohlrouladen einlegen, mit einem Teil der Brühe (etwa 1 cm hoch) auffüllen und in der Backröhre gar dünsten. Bei Bedarf immer etwas Brühe nachgießen. Die Rotkohlroulade paßt zu Wild, Kaninchen und geschmortem Rindfleisch. *(83)*

**Pflanzenkost
macht das Leben lang.**

Sauerkraut-Makkaroni-Auflauf

Sauerkraut, Makkaroni, Bratwurst oder Schinken, Butter, Reibekäse oder Käsescheiben (Mengen nach Belieben)

Sauerkraut wie gewohnt zubereiten und Makkaroni bißfest kochen. Diese Arbeiten können bereits am Vortag ausgeführt werden.
Eine Auflaufform mit Fett ausstreichen und die Zutaten in der angegebenen Reihenfolge einschichten:
Makkaroni, Bratwurtscheiben oder Schinkenstreifen, Sauerkraut (mit einem Anteil rohen Sauerkrauts vermengen), dann wieder Makkaroni usw.
Als Abschluß über der letzten Schicht Makkaroni, Bratwurst und Butterflöckchen verteilen und das Ganze etwa 45 bis 60 min in die Ofenröhre stellen. Danach mit viel Reibekäse überstreuen und sofort auftischen.
Mann kann auch Käsescheiben obenauf legen und mit überbacken. *(73)*

Möhrengemüse

1 Eßl. Fett oder Butter, 1 kg Möhren, 1 Eßl. Salz, 1/8 l Wasser, 1 Eßl. gewiegte Petersilie

Das Fett zerlassen, die geschnittenen Möhren darin dünsten, wenig Flüssigkeit zugießen. Mit Salz abschmecken, weich dünsten und die Petersilie zugeben. Kohlrabi, Schwarzwurzel, grüne Bohnen und Schoten (Erbsen) kann man auf gleiche Weise zubereiten. *(86a)*
Tip: Das Möhrengemüse mit einer guten Prise Zucker abschmecken.

Pilzgemüse zu Braten

2 gehäufte Teller Champignons, 1/2 Teel. Salz, 2 Eßl. geriebene Semmel, 1 Eßl. Mehl, 10 g Fleischextrakt, 1 Prise Pfeffer, 50 g Butter, 1 Eigelb, 2 Eßl. Sahne, Muskatnuß

Butter und Mehl gar machen, die sauber geputzten Pilze, etwas Wasser, Salz, Pfeffer, Semmel und Fleischextrakt zugeben und langsam schmoren lassen. Vor dem Anrichten Eigelb und Sahne verquirlen und darübergießen, mit Muskatnuß würzen. *(39)*

Pilzgemüse

1 kg Mischpilze, Steinpilze oder Pfifferlinge, 2 Eßl. Fett oder Butter, 1/2 Eßl. Salz, 1 Eßl. gewiegte Petersilie

Die Pilze sauber putzen, waschen, schneiden, ohne Wasser oder Fett ansetzen, kurz im eigenen Saft dünsten lassen, Salz, Fett oder Butter zugeben und 20 … 30 min langsam kochen lassen. Die Petersilie zum Schluß hinzufügen. *(86a)*

Morcheln

Man wäscht die Morcheln mehrere Male in frischem Wasser, bis aller Sand entfernt ist. Darauf siedet man sie in kochendem Wasser auf, nimmt sie heraus, wäscht sie nochmals und übergießt sie mit kaltem Wasser. Dann gießt man dies Wasser ab und wäscht sie zum letzten Male. Nachdem sie nun sehr sorgfältig ausgedrückt sind, schmore man sie mit Butter, gestoßenem Pfeffer, feingewiegter Petersilie und feingewiegter Zwiebel. Nach und nach gieße man ein wenig Fleischbrühe zu und verkoche zuletzt eine helle Einbrenne von Butter und etwas Mehl in der Sauce, um sie sämig zu machen. *(85a)*

Steinpilze unter Quarkblätterteig

150 g Quark, 180 g Margarine, 160 g Mehl, 1 Prise Salz, 500 g Pilze, 2 Tomaten, 150 g gekochter Schinken, 3 Eßl. saure Sahne, Gewürze

Quark, 150 g Margarine und 150 g Mehl rasch zu einem Teig verarbeiten und 30 min kalt stellen. In 30 g Margarine die Pilze dünsten. Tomaten und Schinken in Würfel schneiden und ebenso wie die mit den 10 g Mehl verrührte saure Sahne zufügen.
Eine Springform mit der reichlichen Hälfte des Teiges auslegen, die Pilze darauf verteilen, den restlichen Teig zur Platte ausrollen, über die Pilze decken. Mit der Gabel mehrfach einstechen und den Teig mit leicht gesalzenem Wasser bestreichen. Bei Mittelhitze 45 min backen. *(43)*

Pilze oder Schwämme

Sollen die Champignons (Tafel- oder Edel-Pilze, Feldlinge) zu Ragouts und Soßen gebraucht werden, so bereite man sie auf folgende Weise zu: Man schneidet zuerst die sandigen Wurzeln von den Champignons ab und wäscht letztere recht rein; sind die Champignons noch klein, recht rund und fest, so schält man alsdann die Haut sauber und glatt davon ab, ohne den Hut der Pilze von dem Stiel zu trennen, wirft die Champignons sogleich, nachdem sie geschält sind, in eine wohlverzinnte Schmorpfanne, in welche man den mit wenig Wasser vermischten Saft einer Zitrone gethan hat, und schwenkt sie öfters um, damit sie weiß bleiben. Sind nun alle Champignons geschält, so fügt man etwas gute Butter und ein wenig Salz hinzu, setzt die Champignons auf starkes Feuer, läßt sie einige Minuten kochen, thut sie mit ihrer Brühe in ein irdenes Gefäß, und verwahrt sie zum Gebrauch. Auf diese Weise behandelt, werden die Champignons sehr weiß, vorausgesetzt, daß sie frisch und fest waren. Sind die Champignons groß und nicht mehr fest geschlossen, so schneidet man die Stiele ab, schält diese, wenn sie fest und frei von Würmern sind, putzt die bräunlichen und rötlichen Blätter unter dem Hute der Champignons ab, schält diese glatt, schneidet sie in Stücke, stutzt diese rundlich zu und kocht sie nebst den Stielen wie oben. *(85e)*

Kartoffelgerichte

Ob's „Ärdäbbl" heeßd oder „Abern" –
an dieser Gnolle darf's nich habern.
Mr duhdse hibbsch nääms Fleesch dornääm (daneben)
beim Haubdgerischd. – Doch muß mer'ssch schääm,
wemmr nischd weider damid gann!
Ä Gwarggeilchn muß jedermann
hier baggng gänn – das ist ganz wischdsch.
Doch ooch midd Buffern lieschsde rischdsch!
Gochd mr se in dr Bälle glei,
dud Läwerwurschd un Gwarg drbei,
da is mr schneller färdsch midd Gochng
un's gehd eem nich so in de Gnochng!
Doch gomm' – wie in franzeesscher Giche –
se ooch ganz gunsdvoll off de Dische,
wärn außerdäm vermährd zu Gleeßn.
(Off Hochdeitsch se „Gardoffln" heeßn!)

Vogtländische grüne Klöße

2 1/2 kg rohe, geschälte Kartoffeln, 1 Teel. Salz für die Klöße, 1 Teel. Salz für das Kochwasser

Kartoffeln reiben oder durch die Saftzentrifuge geben. In Wasser geriebene Kartoffeln durch ein Tuch oder einen Kloßsack pressen. Den trockenen Teig zerbröckeln und mit etwa 3/4 l kochendem Wasser brühen und so lange rühren, bis ein glatter formbarer Teig entsteht. Mit den Händen oder einer Schöpfkelle Klöße von 7 ... 8 cm Durchmesser formen und in reichlich kochendes Wasser geben, aufkochen lassen und bei offenem Deckel 15 ... 20 min ziehen lassen, mit einem Schaumlöffel mehrmals wenden.

Zum Brühen auch dünnen Grießbrei oder Kartoffelbrei verwenden oder dem fertigen Teig bis 1/4 der Menge geriebene gekochte Kartoffeln zugeben.

In die Mitte der Klöße zu besseren Lockerung auch geröstete Weißbrotwürfel geben. *(61)*

Grüne Klöße

3 kg Kartoffeln, Salz, 2 Brötchen, etwas Butter

Ein Drittel der Kartoffeln in Salzwasser kochen und zu einem flüssigen Kartoffelbrei verarbeiten. Die zwei Drittel geschälte Kartoffeln reiben, in ein Tuch geben und trocken auspressen.

Den heißen Kartoffelbrei über die ausgepreßte Masse geben, schnell alles verkneten und salzen. Der Teig darf nicht zu fest sein. Brötchen in Würfel schneiden und im Tiegel mit etwas Butter bräunen. Aus dem Teig Klöße formen und Brotkrusteln in die Mitte geben.

Im kochenden Salzwasser etwa 20 min garen. (78)

Erzgebirgische grüne Klöße

600 g Kartoffeln, 1 Zwiebel, 2 bis 3 Eßl. Speisestärke, Salz, Meerrettich, Majoran nach Geschmack

Ein Drittel der Kartoffeln möglichst am Vortag als Pellkartoffeln kochen, zwei Drittel schälen.
die gekochten und abgepellten Kartoffeln und die Zwiebel in eine große Schüssel reiben.
Die geschälten rohen Kartoffeln ebenfalls reiben und in einem Leinensäckchen ausdrücken.
(Achtung: es muß noch genügend Flüssigkeit verbleiben.) Die ausgedrückten Kartoffeln auch in die Schüssel geben und alles mit Speisestärke und Gewürzen verkneten. Mit nassen Händen Klöße formen und in kochendes Salzwasser geben. Sobald die Klöße schwimmen, noch 20 min wallen lassen.
Die Gare der Klöße prüft man durch Aufschneiden: Es dürfen keine rosafarbenen Stellen mehr im Kloß vorhanden sein..
Erzgebirgische grüne Klöße gibt es auf alle Fälle zu Weihnachten zu Kaninchen- oder Geflügelbraten. Dazu paßt ein trockener Wein von den Elbhängen, und als Nachtisch ißt man Heidelbeerkompott. *(11)*

Echte Vogtländer Klöße

2 kg Kartoffeln, 1/4 l Wasser, 1/4 l Milch, Salz, 2 Semmeln

1 kg Kartoffeln schälen und roh in eine Schüssel mit Wasser reiben. 1 kg Kartoffeln schälen, klein schneiden und mit Wasser und Milch so weich kochen, daß man sie zu einem dicken Kartoffelbrei verrühren kann. Wenn das Kloßwasser beinahe kocht, die rohen Kartoffeln durch ein Tuch, besser noch durch eine Presse drücken, bis kein Tropfen Wasser mehr herauskommt. Die Masse etwas auflockern, salzen und mit dem Kartoffelbrei überbrühen (vorsichtig, nicht gleich den ganzen Brei zugeben!). Mit einem Rührlöffel schnell und gut mischen. Ist der Teig sehr weich, noch mehr Brei daranrühren. Dann mit nassen Händen Klöße formen, in deren Mitte geröstete Semmelbröckchen gedrückt werden. Sofort in kochendes Salzwasser legen. Nach dem Aufkochen ausschalten und 10 min ziehen lassen. *(85d)*

Dresdner Kartoffelklöße

1 kg stärkereiche (mehlige) Kartoffeln, 1/2 Semmel, 1 Ei, 100 … 150 g Weizenmehl, 20 g Bratfett, Salz, Kümmel, Muskat, Petersilie

Am Vortag die Kartoffeln waschen, mit Kümmel und Salz gar kochen, Kochwasser abgießen, dämpfen, damit sie schön aufplatzen und austrocknen können. Anschließend schälen und durch die Presse auf eine Arbeitsplatte oder den Küchentisch drücken, mit einer Prise Salz und Muskat bestreuen. Dann das Ei in die Mitte geben und mit der Hälfte des Mehls bestäuben. Den Teig gut durcharbeiten und dabei nochmals Mehl zugeben. Jetzt die Arbeitsfläche mit Mehl bestreuen, aus dem Teig eine Rolle formen und diese dann in 8 bis 10 Teile schneiden. Die Semmel in Würfel mit einer Kantenlänge von 1 cm schneiden und im Bratfett goldbraun rösten. Nun in einem großen Topf Salzwasser erhitzen. Mit bemehlten Händen Klöße formen und dabei Semmelrösteln in die Kloßmitte geben. Die Klöße in das kochende Wasser geben und warten, bis alle an der Oberfläche erscheinen. Dann die Hitze zurücknehmen – das Wasser darf nur noch leicht wallen – und 20 min ziehen lassen. Die Klöße mit einem Schaumlöffel herausnehmen, mit gehackter Petersilie bestreuen und sofort servieren, da sie sonst unansehnlich werden und schwer verdaulich sind. Als Beilage „Bunten Gemüsesalat“ wählen. *(32)*

Kartoffelklöße

1,5 kg Kartoffeln, 100 g Mehl, 150 g Maizena, 2 Eier, Salz, 50 g Weißbrot, 20 g Margarine

Die gekochten Kartoffeln reiben oder quetschen und mit Mehl, Maizena und Eiern zu einem Teig kneten. Klöße formen, nach Belieben Semmelwürfel rösten und in die Klöße drücken, Klöße in Maizena wälzen und anschließend in Salzwasser kochen. *(55)*

Chemnitz, Roter Turm
Kartoffelgetzen
Koch-
buch

Wickelklöße mit Kartoffeln

150 g Mehl, 1 Ei, 1 Teel. Salz, 2 Eßl. Milch, 1/2 Pfund gekochte Kartoffeln, 3 Eßl. geriebene Semmel, 3 Eßl. Butter, Petersilie

Nudelteig herstellen und geriebene Kartoffeln darunter mischen. Teig ausrollen, geröstete Semmel und Petersilie daraufstreuen, zusammenrollen, in dreifingerbreite Streifen schneiden und Ränder zudrücken. Die Klöße 20 min in Salzwasser kochen und mit brauner Butter zu Tisch geben. *(86a)*

Bambes

1,5 kg rohe, geschälte Kartoffeln, 1/4 l Buttermilch, 1 Teel. Salz, 1 Zwiebel, Öl zum Backen, 1 Eßl. Mehl

Kartoffeln reiben und Flüssigkeit abtropfen lassen, fein geschnittene Zwiebel, Buttermilch, Mehl und Salz dazugeben, gut verrühren und in heißem Öl etwa 1 cm dicke, handtellergroße Fladen auf beiden Seiten knusprig backen.
Soll das Kartoffelwasser nicht abgegossen werden, 2 Eier dazugeben, und die Buttermilchmenge reduzieren. *(61)*

Kartoffelgötzen (auch Kartoffelgetzen oder Bambs)

5 Liter Kartoffeln, etwas Milch, 2 Eßl. Mehl, 2 Eier, etwas Speck, evtl. Bratwurst, Salz

Schäle 5 Liter rohe Kartoffeln, und zwar möglichst große, reibe sie in eine Schüssel, die halb mit Wasser gefüllt ist (das Wasser ist abzugießen). Man schlägt dieselben mit frischem Wasser durch den Durchschlag, damit das Kartoffelmehl herauskommt, drückt sie in einem Leinwandsäckchen oder durch ein leinernes Tuch rein aus, salzt die Masse, thut etwas heiße Milch daran, 2 Eßl. Mehl und, wenn man will, 2 Eier dazu. Diese Masse wird geknetet. In der Pfanne wird etwas Speck ausgelassen, die Masse hineingefüllt und gebacken. Mit Preiselbeeren, Heidelbeeren oder Pflaumenmus auf den Tisch bringen. Man kann auch Bratwurst in die Pfanne schneiden und mitbacken. Nimmt man bei diesem alten Gericht an Stelle von Milch Buttermilch, so entsteht der gute Buttermilchgetzen. *(1)*

Erzgebirgischer Buttermilchgötzen

2 kg Kartoffeln, Salz, Kümmel, 2 Zwiebeln, 1 l Buttermilch, 2 Eier, Speck

Rohe Kartoffeln schälen und reiben, leicht ausdrücken oder Wasser ablaufen lassen. Masse etwas salzen, eventuell ein wenig Kümmel dazugeben und mit Zwiebel, Buttermilch und Ei vermengen.
Eine Pfanne (möglichst eine alte eiserne Bratpfanne) mit Speckscheiben auslegen, den Teig hineingeben und im Backofen goldgelb backen. (Nicht wenden!)
Je nach Geschmack mit Zucker bestreut servieren oder eventuell Heidelbeeren untermischen. *(40)*

Buttermilchgetzen

10 mittlere Kartoffeln, 3 Eier, 1 l Buttermilch, 60 g Butter, 200 g Speck, 2 bis 3 Zwiebeln, 1 Eßl. Kartoffelstärke, Salz, Kümmel

Die rohen Kartoffeln in eine Schüssel reiben, den entstandenen Saft abgießen, die Stärke zurückbehalten. In einer Schüssel nun die geriebenen Kartoffeln, die Stärke und die zusätzliche Kartoffelstärke, die gehackten Zwiebeln, Salz, Kümmel, Eier und Buttermilch gut vermengen. Den Speck inzwischen auslassen. Anschließend den Speck und die Masse auf ein Backblech verteilen, besser noch in vier kleine Tiegel, da entsteht mehr knuspriger Rand. Im Backofen bei mittlerer Hitze 45 ... 50 min backen. Kurz vor dem Herausnehmen die Butter auf der Oberfläche verteilen. *(7)*

Kartoffelpuffer

1 kg Kartoffeln, 1 Zwiebel, Semmelbrösel, 1 Ei, etwas Fett, 3 Scheiben Schinken, 6 Eier

Die Kartoffeln schälen, reiben und salzen, die geriebene Zwiebel dazugeben und mit Semmelbrösel abbinden, das Ei unterrühren. Aus der Masse in etwas Fett die Puffer backen.
Auf jeden Kartoffelpuffer Rührei geben, das man aus dem gewürfelten Schinken und den verrührten Eiern bereitet, und 1 Tasse Bohnenkaffee servieren. *(58)*

Sächsische Kartoffelpuffer mit Gulasch

Kartoffelpuffer:
600 g Kartoffeln, 2 Eier, 1 Zwiebel, 2 Eßl. Mehl, Salz, Pfeffer, Majoran

Gulasch:
500 g Schweinefleisch, 2 Zwiebeln, Salz, Pfeffer

Kartoffeln reiben und mit den übrigen Zutaten zu einem Teig verarbeiten. Puffer formen und in einer gußeisernen Pfanne goldbraun braten. Dazu aus den genannten Zutaten bereiteten Gulasch reichen. *(11)*

Zittauer Kartoffelpuffer

1 kg Kartoffeln, 2 Zwiebeln, 1 Bund Petersilie, 1 Ei, 400 g Gehacktes und Schabefleisch, Kartoffelmehl, Salz, Majoran, Öl oder Margarine

Kartoffeln schälen und reiben, Zwiebeln hacken, Petersilie waschen und wiegen. Alles zusammen mit dem Hackfleisch und dem Ei in einer Schüssel vermengen. Kartoffelmehl zugeben, bis die Masse cremig ist, und mit Salz und Majoran abschmecken.
Portionsweise in Öl oder Margarine goldgelb backen. *(5)*

Sächsische Quarkkäulchen

800 … 1000 g Pellkartoffeln, 500 g Quark, 150 … 200 g Mehl, 1 bis 2 Eier, 80 g Zucker, 1 Teel. Salz, 1 Teel. Backpulver, etwas abgeriebene Zitronenschale, 100 g Rosinen, Backfett

Kartoffeln noch heiß pellen und durch die Quetsche drücken. Rosinen überbrühen und 5 min quellen lassen. Mehl über die Kartoffeln sieben. Quark, Backpulver, Eier, Salz, Zucker und Zitronenschale zugeben und einen Teig kneten. Rosinen trokkentupfen, leicht mit Mehl überstäuben und unterkneten. Käulchen formen (entweder Klöße formen und flachdrücken oder besser zwei große Rollen formen und in Scheiben schneiden) und im heißen Fett (am besten Öl) von beiden Seiten goldgelb backen. Mit Zucker (oder Zucker und Zimt) bestreuen und dazu Apfelmus oder Kompott reichen.
Statt der gequetschten Kartoffeln kann man auch Kartoffelbrei verwenden. *(4, 36, 47, 57, 69, 80)*

Einfache Gerichte aus Sachsen

Pellkartoffeln und Quark

1 kg Kartoffeln, 500 g Quark, 1 Zwiebel, frisch gehackte Kräuter, Kümmel, Salz

Man nehme die gereinigten Kartoffeln, koche sie mit der Schale im Kümmelwasser, gieße sie ab, lasse sie etwas dämpfen und pelle sie.
Den Quark verfeinere man mit klein gehackten Zwiebeln, Salz und reichlich frisch gehackten Kräutern.
Über die gepellten Kartoffeln gebe man frisches Leinöl und reiche dazu den vorbereiteten Quark. (Das Öl kann auch über den Quark gegeben werden.)
Eine andere Möglichkeit zum Verfeinern des Quarkes ist die Zugabe von geraspelter grüner Gurke, Schnittlauch statt Zwiebel und 2 bis 3 hartgekochten, in Würfel geschnittenen Eiern oder ein kleines Stück Butter dazu. *(41, 64, 69, 76)*

Pellkartoffeln und Leberwurst

Zu den Pellkartoffeln verschiedene Leberwurstsorten reichen. Dazu Butter und Gewürzgurke essen.

Pellkartoffeln und Grützwurst

Die Grützwurst erwärmen und mit gut gewürztem warmem Sauerkraut und Pellkartoffeln servieren.

Pellkartoffeln mit Brathering

Bratheringe zu den Pellkartoffeln reichen und dazu Butter und Gewürzgurken servieren. *(41)*

Eierkartoffeln

750 g Kartoffeln, Salz, 30 g Fett, 50 g Zwiebeln, 2 Eßl. Petersilie, 1/4 Milch, 2 bis 3 Eier

Die geschälten, in Stifte geschnittenen Kartoffeln in wenig Wasser mit Salz fast gar dünsten. In dem erhitzten Fett die kleinwürfelig geschnittene Zwiebel und 1 Eßl. Petersilie braten und die Kartoffeln dazugeben. Alles in eine feuerfeste Schüssel geben und darüber die mit den Eiern verquirlte und mit Salz oder auch Paprika gewürzte Milch gießen. Nur noch so lange auf kleinem Feuer lassen, bis die Eier gestockt sind. Mit der Petersilie bestreut servieren.
Das Gericht kann man an Stelle von Zwiebel auch mit Muskat würzen und mit einer kräftigen Soße auftragen. *(37)*

Stampfkartoffeln

500 ... 750 g Kartoffeln, 50 g Speck, Salz, Buttermilch, Petersilie, Gurkensalat

Die frischgekochten Salzkartoffeln abgießen und stampfen. Inzwischen den in kleine Würfel geschnittenen Speck auslassen und mit den Kartoffeln vermischen. Die Stampfkartoffeln mit Petersilie bestreut servieren. Dazu Buttermilch und Gurkensalat reichen. *(43)*

„Leineweber“

Kartoffeln, Rinderkochfleisch, Sellerie, Möhren, Salz, Gewürze und Kräuter aus dem Garten

Dieses Rezept stammt aus einer Familie, deren Vorfahren Leineweber in der Lausitz waren und für die dieses Essen in Variationen täglich auf den Tisch kam:
Kartoffeln stampfen und jedem Esser auf den Teller geben, der sich mit dem Löffel einen kleinen Berg anhäufelt und in die Mitte eine Vertiefung drückt. In diese „Kuhle“ eine kräftige Fleischbrühe aus den genannten Zutaten und das geschnittene Fleisch geben.
Diese Variante war das Sonntagsessen - in der Woche gab es in die „Kuhle“ nur Leinöl, Buttermilch oder Leberwurst. *(68)*

Dillkartoffeln

Kartoffeln, Butter, Dill, Petersilie

Kleine gare Kartoffeln ohne Schale in zerlassener Butter, gehacktem Dill und/oder gewiegter Petersilie schwenken. Dazu mit roher Kartoffel gebundenes Sauerkraut und Hackbraten reichen. *(43)*

Speckbirnen

1 großes Glas Birnenkompott, 250 g Speck, 1 … 1,2 kg Kartoffeln, etwas Mehl

Die Kartoffeln schälen und in reichlich Salzwasser zum Kochen ansetzen. In der Zwischenzeit den Speck in kleine Würfel schneiden und in einem Topf ausbraten. Ist genügend Fett geschmolzen, Mehl zugeben und eine Mehlschwitze bereiten. Dann unter vorsichtigem Erwärmen den Birnensaft und 1 bis 2 Kellen Kartoffelwasser zugeben, bis sich eine sämige Soße bildet. Danach die Birnenstücke in die Soße geben und darin erwärmen. Zum Schluß die Salzkartoffeln abgießen und zusammen mit den Speckbirnen anrichten. *(46)*

Kartoffelnockerl

300 … 380 g Kartoffeln, 2 gehäufte Eßl. Mehl, 1 Ei, 1 Eßl. Rahm, 1 Prise Salz

Die Kartoffeln kochen, schälen und durch die Presse drücken, mit etwas Salz, dem Ei, dem Mehl und dem Rahm vermischen. Kleine Nockerl von der Masse abnehmen und in Salzwasser 10 min ganz langsam kochen lassen.
Mit brauner Butter, Zucker und Zimt oder mit Sauerkraut und Geselchtem servieren. *(50)*
Tip: Statt brauner Butter in Butter gebräunte Semmelbrösel mit einer Prise Salz verwenden.

Kartoffelnudeln

1 kg Kartoffeln, 300 g Mehl, 1 Ei, 1 Bund Petersilie, eine Prise Salz, Pfeffer, Muskat

Gemüsebrühe: 1 Wurzelwerk, 2 mittlere Zwiebeln, 1 Tomate, 1 Kartoffel mit Schale, Salz, Pfeffer, 1 Eßl. Sonnenblumenöl, 1 l Wasser

Die in der Schale gekochten Kartoffeln schälen und durch die Kartoffelpresse treiben. Mit Mehl, Ei und den Gewürzen zu einem Teig vermengen. Aus diesem dünne Würstchen formen, in schräge Stücke schneiden und in siedender Gemüsebrühe kochen, bis sie oben schwimmen. Danach noch einige Minuten ziehen lassen. Anschließend mit dem Schaumlöffel herausnehmen und auf vorgewärmter Platte mit gehackter Petersilie anrichten.
Für die Gemüsebrühe alle Zutaten in mittelgroße Stücke schneiden und etwa 1 h kochen lassen. *(52)*
Tip: Statt Petersilie in Butter gebräunte Semmelbrösel verwenden.

Kartoffelpastetenteig mit verschiedenen Füllungen

Grundrezept für Kartoffelteig: 1 Pfund Pellkartoffeln, 1 Ei, 1 … 2 Eßl. Mehl, Prise Salz

Kartoffeln noch heiß abpellen, erkalten lassen, reiben und mit Ei, Mehl und Salz verkneten.
In verschiedene Formen gebracht (Plätzchen, Kugeln, Ringe, gespritzt und gebacken) wird eine delikate Beilage zu Hauptgerichten daraus; mit weiteren Zugaben werden aus der Grundmasse z. B. Quarkkäulchen oder Kartoffelpudding.
Gibt man zur Grundmasse noch 1 … 2 Eier und etwas Mehl dazu, entsteht ein ausrollbarer Kartoffelpastetenteig, der - mit Gemüse, Fleisch, Fisch, Pilzen usw. gefüllt und zusammengerollt oder -geschlagen - im Ofen gebacken werden kann. *(59)*

Kartoffelpudding

1 Pfund Kartoffeln, 200 g Butter, 2 Eier, 3 Eßl. Zucker, Salz, 1/2 Zitrone

Kartoffeln kochen und nach dem Erkalten reiben. Butter sahnig rühren, Eier, Zucker, Zitronensaft und eine Prise Salz zugeben und mit den Kartoffeln verrühren. (Die Masse soll recht dick sein – keine Flüssigkeit zugeben!)
Masse in eine Form geben und im Backofen etwa eine Stunde garen. *(93)*

Apfelkartoffeln

1 Pfund Kartoffeln, Salz,
1 Pfund Äpfel, 1 Zitrone,
2 Eßl. Zucker, 1 Eßl. Butter oder
20 g Speck, 1 kleine Zwiebel

Kartoffeln schälen, in Würfel schneiden und in Salzwasser sehr gut weich kochen. Äpfel vorbereiten, in Achtel schneiden, in 3/4 l kochendem Wasser mit Zitronenschale und Zucker weich kochen.
Die abgegossenen Kartoffeln mit den Äpfeln und Saft vermischen. In Butter oder Speck Zwiebel rösten, zu dem Gericht geben. Zuletzt einen rohen Apfel darunter reiben und mit Zitronensaft abschmecken. *(86a)*

Backs

1,5 kg Pellkartoffeln, etwas
Salz und Fett oder Butter

Kartoffeln kochen, pellen, noch heiß durch die Quetsche drücken und erkalten lassen. Die Masse leicht salzen und etwa 3...4 cm hoch in einen gefetteten Tiegel geben. Leicht andrücken und bei mäßiger Hitze goldbraun werden lassen. Auf ein Holzbrett stürzen und mit Fett oder Butter häppchenweise essen.
Dieses Frühstücksgericht der mittelsächsischen Strumpfwirker war vor allem in der Nachkriegszeit etwas ganz Besonderes. *(95)*

Die Oberlausitzer „Arme-Leute-Küche" verwendete vorwiegend Kartoffeln als billiges Grundnahrungsmittel – woraus sich der typische Oberlausitzer Spruch für die Küche ergab *(15):*

Ganze Abern
Abernstickl
Abernplinsen
Abernpapps
Abernkließel
Abernkuchen
Abernsuppe
Abernschnaps

Mehl- und Süßspeisen, Nachspeisen, Kuchen

Jäddsd – Saggse – heer genauer droff:
Nu wärd's glei sieße – märge off!
Denn sieße meeschmor's doch ä Häbbschn,
vom Nachdisch bis zum Gaffeedäbbschn.
Ganz wohl wärd's eem glei im Gemied,
wenn Duffd von Bäbe uns umziehd,
wenn Hefegleeße, Pflaumengeddsn
uns lassn froh zu Dische seddsn.
De Blinsn un de Dräsdner Schdolln,
die soll eener nich ässn wolln?
Gee bißschn Ahnung hadd där Limmel! –
Midd Eiorschägge hängdr Himmel
glei voller Schdradivari-Geichn.
Wie mr die machd? – Mir wärns eich zeichn:

Wickelklöße

300 g Mehl, 1 Teel. Salz, 2 Eier, 4 … 6 Eßl. Wasser, 40 g Butter, 8 gehäufte Eßl. Semmelmehl, 1 l Fleischbrühe, Petersilie

Mehl in die Schüssel sieben, in der Mitte eine Vertiefung anbringen. Wasser mit den Eiern und Salz verquirlen, in die Vertiefung geben und von der Mitte aus einen festen Teig kneten. Teig so dünn wie möglich ausrollen und in Rechtecke schneiden. Butter erhitzen, Semmelmehl darin anrösten, je einen Teelöffel davon auf die Rechtecke geben, zusammenrollen und Ränder gut andrücken.
Eine reichliche Menge Salzwasser zum Kochen bringen, Wickelklöße 10 … 15 min darin leicht kochen lassen, auf Suppenteller legen und in Streifen schneiden. Darüber Fleischbrühe gießen und gehackte Petersilie streuen.
Man kann die Wickelklöße auch als süße Speise mit Kompott reichen. *(18)*

Kirschklöße

500 g Pellkartoffeln, 1 Teel. Salz, 100 g Mehl, 1 Ei, 10 g Butter, Zucker und Zimt, Sauerkirschen

Aus Kartoffeln, Salz, Mehl, Ei einen Kartoffelkloßteig bereiten, Klöße formen und mit Sauerkirschen füllen. Nach dem Garziehen Klöße mit Zucker und Zimt bestreuen und mit brauner Butter übergießen. *(47)*

Hefeklöße mit Blaubeeren

30 g Hefe, 1/4 l Milch, 500 g Mehl, 2 Eier, 50 g Zucker, 50 g Butter, 1 Teel. Salz

Hefe zerbröckeln, in lauwarmer Milch verrühren und in die Vertiefung im Mehl geben. Mit Eiern, Zucker, zerlassener Butter und Salz zu einem glatten Teig verarbeiten und eine Stunde am warmen Ort gehen lassen.
Klöße formen, gehen lassen und über kochendem Wasser dämpfen lassen. Mit Blaubeeren servieren. *(64)*

Hefeklöße mit Birnen

750 g Mehl, 30 g Hefe, 3 Teel. Zucker, 1 Teel. Salz, 1 Ei, warme Milch

Das Mehl in eine Schüssel sieben (etwas Mehl zurückbehalten) und in der Mitte eine Vertiefung anbringen. Die Hefe in einer Tasse zerbröckeln, mit dem Zucker kremig rühren und mit einem Schuß warmer Milch versetzt in die Vertiefung geben. Mit der Gabel etwas Mehl hineinrühren, bis eine Masse mit der Konsistenz von Eierkuchenteig entsteht.
Schüssel mit einem Geschirrtuch abdecken, an die Heizung stellen und etwa 30 … 45 min gehen lassen. Danach Salz aufs Mehl und Ei (nicht aus dem Kühlschrank!) auf das Hefestück geben. Von der Mitte aus unter Zugabe von handwarmer Milch und zum Schluß dem zurückbehaltenen Mehl gründlich und lange durchkneten, bis der Teig nicht mehr klebt. Schüssel wieder abdecken und Teig an warmem Ort gehen lassen. Klöße formen, nochmals kurz gehen lassen und 8 min in Salzwasser kochen lassen.
Mit Birnen-, Pflaumen- oder Heidelbeerkompott oder aber als herzhaftes Gericht mit Sauerbraten servieren. *(80, 69)*

Sächsische Kirschpfanne mit Semmeln

8 Semmeln vom Tag vorher, 3/4 l heiße Milch, 5 Eier, 150 g Butter, 2 gehäufte Eßl. Mehl, abgeriebene Zitronenschale, 2 Pfund Kirschen

Semmeln mit Milch brühen. Eigelb, Butter, Zitronenschale darunterziehen und mit den entsteinten Kirschen und Mehl vermengen. Eiklar zu Schnee schlagen und unterheben.
In gut gefetteter und mit Semmelbröseln ausgestreuter Form Masse 1 Stunde backen lassen. Mit Vanillesoße warm oder kalt servieren.
Verschiedenerorts heißt die Kirschpfanne – wegen des summenden Knisterns im Ofen – auch „Semmelgeräusch“ oder „Semmelgerassel“ *(4)*

Kirschpfanne mit Zwieback

250 g Zwieback, 1/4 l Milch, 3 Eier, 50 g Butter, 1 Päckchen Vannilinzucker, 100 g Zucker, 30 g Weizenmehl, 1 Teel. Backpulver, 350 g entsteinte Sauerkirschen

Zwieback zerbröckeln, Milch und Eier zugeben, verrühren und 10 min quellen lassen.
Die übrigen Zutaten (außer Kirschen) zugeben und alles gut verrühren. Zuletzt die Kirschen unterheben, die Masse in eine gefettete Auflaufform geben und 45 min bei Mittelhitze backen lassen. Heiß oder kalt, eventuell mit Vanillesoße servieren. *(19)*

Sächsische Kirschpfanne mit Quark und Honig

500 g Quark, 75 g Grieß, 30 ml Milch, 1 Prise Salz, 75 g Zucker, 150 g Honig, 2 Eier, 25 g Butter, abgeriebene Zitronenschale, 1/2 Päckchen Vanillinzucker, 300 g entkernte, gut abgetropfte Sauerkirschen

Milch, Salz, Zucker, Honig, Butter, Zitronenschale, Vanillinzucker zum Kochen bringen und dann den Grieß einrieseln lassen. Bei genügender Hitze 5 min gut kochen. Eier mit dem Quark verrühren und unter den Grieß ziehen.
Eine Auflaufform mit Butter ausstreichen und die halbe Masse einfüllen. Darauf die Kirschen verteilen und den Rest der Masse darüber geben.
Bei 200 °C in die Röhre geben und garen lassen. Zum Ende die Temperatur auf etwa 250 °C erhöhen, bis die Masse goldgelb an der Oberfläche ist.
Zusätzlich kann der anfallende Kirschsaft leicht mit Puddingpulver gebunden und dazu gereicht werden. *(94)*

Sächsische Apfelpfanne

500 g Äpfel, 100 g Zucker, 1 Stück Zitronenschale, 1 Eßl. Rum, 400 ... 500 g Weißbrot (oder Brötchen), 100 ... 150 g Butter, Vanillinzucker zum Bestreuen.

Äpfel schälen, vierteln und entkernen, in 1/4 l Wasser, dem Zucker und der Zitronenschale garen, anschließend leicht zermusen. Dann den Rum unterrühren. In der Zwischenzeit das Weißbrot in fingerdicke Scheiben schneiden. Die Butter zerlassen, die Brotscheiben in die heiße Butter tauchen. Dann mit der Hälfte der Scheiben den Boden einer Auflaufform auslegen. Darauf den Apfelbrei geben und dicht mit den restlichen Brotscheiben belegen. Die Speise im vorgeheizten Backofen bei 175 °C (Gas: Stufe 1) 45 min backen. Vor dem Servieren mit dem Vanillinzucker bestreuen. *(69)*

Arme Ritter
JORDAN

Leipziger Punsch-Auflauf

12 Eier, 160 g Staubzucker, 1 Zitrone, 1 Glas Rum

Die Eigelbe mit dem Zucker zu Schaum schlagen, dann Zitronensaft (eventuell auch die abgeriebene Zitronenschale) und Rum hinzufügen und leicht durchmischen. Den festen Schaum in eine Auflaufform geben, im gut vorgeheizten Ofen 10 min backen und sofort heiß servieren.
Der Auflauf muß von allen Seiten gelb gebacken, in der Mitte aber – einer Schaumsoße ähnlich – noch weich sein. Dieses Rezept ist für 8 Personen berechnet. *(34)*

Arme Ritter

Weißbrot, Rosinenbrot oder Toastbrot (kann ruhig schon etwas altbacken sein), 2 Eier, 1/4 l Milch, Margarine oder Öl zum Braten, Zucker und Zimt

Die Brotscheiben toasten. Eier und Milch gut verschlagen, Brotscheiben einlegen und aufsaugen lassen. Anschließend in Öl oder Margarine braten. Die fertigen „Armen Ritter" mit Zucker und Zimt bestreuen und sofort auftragen. *(41)*

Heidelbeergetzen

250 g Mehl, 2 Eier, 300 ml Milch, 2 Eßl. Wasser (Selters), 20 g Schweineschmalz, 300 g Heidelbeeren, 100 g Zucker, 1 Prise Salz

Aus Mehl, Milch und Eiern unter Zugabe von Wasser und Salz einen dicken Eierkuchenteig zubereiten. In der Getzenpfanne Fettigkeit erhitzen, vom Herd nehmen und den Teig etwa 1 cm dick einfüllen. Danach sofort die Heidelbeeren auf dem Teig verteilen. Den Getzen bei etwa 220 °C 30 min in der Röhre backen, dick mit Zucker bestreuen und warm servieren.
Statt Heidelbeeren sind auch Preisel- oder Johannisbeeren, entsteinte Kirschen, Pflaumen oder Apfelstückchen möglich. Pflaumengetzen schmeckt besonders gut, wenn er vor dem Backen mit etwas Rum beträufelt wird. *(42, 78)*

Buttermilch-Pfannekuchen

250 g Haferflocken, 1/2 l Buttermilch, 60 g Mehl, 1 Päckchen Backpulver, 1 Prise Salz

Haferflocken etwa eine Stunde in der Buttermilch quellen lassen. Mehl, Backpulver und Salz vermischen, zu den Haferflocken geben und alles mengen. Den Teig löffelweise in den Tiegel geben und als Käulchen von beiden Seiten backen.
Dazu Apfelmus reichen. *(59)*

Buttermilchplinse

1/4 l Buttermilch, 1 Ei,
50 g Zucker, 100 g Mehl

Zutaten zu einem glatten Teig verrühren und im heißen Öl goldgelb backen. *(64)*

Schinken-Fleckerl

Nudelteig für Fleckerl:
50 g Butter, 5 bis 6 Eigelb,
350 g Mehl, 1 Prise Salz,
etwas Milch

400 g Fleckerl, 250 g Schinken, 20 ml Rahm, 10 ml Milch, 2 Eier, etwas Butter und Semmelbrösel, 50 g geriebener Käse, 1 Prise Salz

Butter mit Mehl vermischen, Eigelb, Salz und Milch dazugeben. Teig kneten, dünn ausrollen und kleine Fleckerl ausradeln. Diese in Salzwasser weich kochen, abseihen und mit klarem Wasser abschrecken.
Den mageren Schinken fein hacken, Rahm, Milch, Eier und Salz verquirlen und alles zusammen mit den Fleckerln mischen. Die Masse in eine gefettete, mit Semmelbrösel ausgestreute Form geben und etwa eine Stunde backen, bis sie goldgelb ist.
Als Beilagen passen Salate oder Sauerkraut. *(50)*

Zwei Rezepte für heiße Tage

Semmelmilch

1 l Milch, 3 bis 4 Semmeln, Zucker

Semmeln kleinschneiden, kühle Milch darüber geben und mit etwas Zucker abschmecken. *(9)*

Kirschsuppe

Sauerkirschen, Stärkemehl, Zucker, Zimt

Sauerkirschen kochen, andicken und mit Zucker und Zimt abschmecken. Als Kaltschale servieren. *(9)*

„Sächsisches Brächelsalz“

100 … 120 g Speck, 1 große Zwiebel, 4 Scheiben Roggenbrot, etwas Salz

Speck und Zwiebel in Würfel schneiden und im Tiegel goldbraun braten. Das Brot mit Malzkaffee brühen, diesen abgießen, das feuchte Brot in den Tiegel geben und etwas schmoren. Etwas Salz zugeben und Pellkartoffeln dazu reichen. *(51)*

Pflaumenmus

8 Pfund Pflaumen, 1 Pfund Zucker, 4 Eßl. Essig

Die Pflaumen abends entkernen, alle Zutaten in einen Topf schichten und am nächsten Morgen kochen lassen. Umrühren ist nicht nötig, es brennt nicht an. *(62)*

Rhabarberschüssel mit Sahne

1 kg Rhabarber, Zitronenschale, Zucker, 12 Löffelbiskuits, 1/8 l süße Sahne

Rhabarber schälen, in 2 cm lange Stücke schneiden, mit 2 bis 3 Eßl. Wasser und Zucker nach Geschmack zu einem Kompott kochen.
4 flache Schüsseln mit je 3 Löffelbiskuits auslegen, Rhabarber darübergeben. Mit Sahne garnieren. *(35)*

Rote Grütze von Johannisbeeren und Vanillesoße

250 g Johannisbeeren (rote und schwarze), 1/8 l Wasser, 2 Eßl. Zucker, 6 Blatt Gelatine, 1/4 l Milch, 1 Päckchen Vanillinzucker, 2 Eier, 1 Teel. Mehl, 1 Prise Salz

Die gewaschenen und geputzten Früchte pürieren, den Zucker untermischen. Die Gelatine nach Vorschrift auflösen, zusammen mit dem Fruchtbrei erhitzen (nicht kochen!). 4 kleine Schüsseln mit kaltem Wasser ausspülen, Grütze einfüllen, kalt stellen.
Die Milch mit Zucker und Salz zum Kochen bringen, vom Herd nehmen, 2 Eigelb unterquirlen, die man vorher mit 1 Teel. Mehl und 2 Eßl. kalter Milch glattgerührt hat. Abkühlen lassen. Zuletzt 2 steifgeschlagene Eiklar unterziehen und über die gestürzte Grütze gießen. *(35)*

Baisers mit Himbeersahne

5 Eiklar, 250 g Puderzucker, 1 Päckchen Vanillinzucker, 100 g Himbeeren, 1/4 l Sahne, 1 Päckchen Vanillinzucker, 1 Päckchen Sahnesteif

Die 5 Eiklar unter allmählicher Zuckerzugabe sehr fest schlagen, bis die Masse schnittfest und glänzend ist.
Mit einem Eßlöffel oder der Spritztüte etwa eigroße Stückchen auf ein mit Backpapier belegtes Blech geben und bei schwächster Ofenhitze eher trocknen als backen. Wenn sie leicht gelblich werden, herausnehmen und die Unterseite des Baisers mit einem Löffelrücken eindrücken.
Die Sahne mit dem Zucker und dem Sahnesteif schlagen. Die Himbeeren durch ein Sieb streichen und vorsichtig unter die Sahne heben. In die Vertiefungen der Baisers füllen und eventuell mit Himbeeren garnieren. *(35)*

Walnußeis mit heißer Brombeersoße

6 Eigelb, 1/2 l Sahne, 50 g Zucker, 1 bis 2 Eßl. Honig, 100 g gehackte Walnüsse, 8 Walnußhälften, 500 g Brombeeren, 1 Eßl. Puderzucker

Das Eigelb mit dem Zucker schaumig rühren, bis es fast weiß ist. Honig zugeben, nochmals gut rühren. Die Sahne erhitzen (nicht kochen). Die Eigelbmasse ins heiße Wasserbad stellen, langsam die heiße Sahne auffüllen. Dabei ständig rühren, damit die Masse schön aufgeschlagen wird und ein lockeres Eis entsteht. Unter Rühren die Masse im Wasserbad erhitzen, bis die Eier gar sind. Am besten rührt man mit einem Holzlöffel. Bleibt dieser überzogen, sind die Eier nicht mehr roh.
Zum Schluß die gehackten Nüsse unterrühren und alles in einen Eisbereiter füllen (oder in eine Büchse, in der man aber während des Gefrierens sehr oft rühren muß.)
Das gefrorene Eis in Eisschalen anrichten. Die Brombeeren durch ein Sieb streichen, den Zucker dazugeben und alles erhitzen. Die Soße über das Eis gießen, jede Schale mit 2 Walnußhälften garnieren und sofort servieren. *(35)*

Vanillineis mit heißen Kirschen

Gesüßten Sauerkirschsaft mit Kartoffelmehl oder Vanillinpudding unter Hitzezufuhr andicken. Vorher in Rum oder Weinbrand eingelegte Sauerkirschen mit dem heißen Kirschsaft über das Eis geben. *(74)*

Quarktopfspeise oder gekochte Quarkkrem

1 1/2 Päckchen Vanillinpuddingpulver, 1 bis 2 Eier, 100 g Zucker, 1/2 l Milch, 250 g Quark, 50 g Butter, 50 g Rosinen, abgeriebene Zitronenschale, Prise Zucker

Puddingpulver, Eigelb, Zucker und Milch schlagen und mit Quark, Butter und abgeriebener Zitronenschale im Topf aufkochen lassen. Eiklar mit einer Prise Zucker zu Schnee schlagen und unter die noch kochende Quark-Pudding-Masse unterziehen (nicht unterrühren).
Die Masse sofort in Schüsselchen abfüllen. Gut kühlen und später eventuell mit Schlagsahne garnieren. *(15)*

Vanillebratapfel

Äpfel, Rosinen, Butter, Vanillinzucker, Vanillesoße

Äpfel schälen, ausstechen, kurz in kochendes Wasser und danach auf feuerfeste Teller bzw. ein Backblech stellen. In die Mitte der Äpfel gewaschene Rosinen, je 5 Flöckchen Butter und Vanillinzucker füllen. Kurz in der Röhre oder Mikrowelle erhitzen und entweder heiß oder kalt mit Vanillesoße übergossen servieren. *(37)*

Apfelkrem

1/2 l Apfelsaft, 1 Päckchen Vanillinpuddingpulver, 2 Eßl. flüssiger Honig, 1/8 l Sahne

Aus Apfelsaft und Puddingpulver eine Krem kochen. Beim Abkühlen rühren. Wenn die Krem lauwarm ist, Honig unterrühren. Zum Schluß unter die kalte Krem die steifgeschlagene Sahne unterheben. In kleinen Schüsseln servieren. *(35)*

Sächsischer Pudding

Pudding: 150 g Zucker, 1 Päckchen Vanillinzucker, 4 Eier, 30 g Mehl, 1/4 l Milch, 4 Blatt Gelatine, 120 g gehackte süße Mandeln (etwa 20 g davon geröstet)

Soße: 3 Eigelb, 80 g Zucker, 1/4 l Milch, 1 Eßl. Kakao

Zucker und 4 Eigelb schaumig schlagen, Mehl und Milch verquirlen, unter die Eimasse rühren.
Im Wasserbad eine dickliche Krem rühren. Die nach Vorschrift aufgelöste Gelatine und die gehackten, ungerösteten Mandeln dazugeben, ebenso die 4 steifgeschlagenen Eiklar. Eine schöne Puddingform mit Wasser ausspülen, mit den gerösteten Mandeln ausstreuen, den Pudding einfüllen und kaltstellen.
Schokoladensoße zubereiten: Eigelb mit Zucker schaumig rühren, Milch zugeben und auf sehr kleiner Flamme kremig rühren (nicht kochen!). Unter die heiße Soße 1 Eßl. Kakao rühren.
Pudding stürzen, mit etwas Schokoladensoße umkränzen und den Rest der Soße in einer Sauciere reichen. *(35)*

Kirschgelee mit Quark

3 g Gelatine, 75 ml Wasser, 45 g Kirschkompott, 25 g Quark

Die Gelatine im abgekochten Wasser vorweichen lassen, im heißen Wasserbad auflösen und in das Kirschkompott geben. Alles erstarren lassen. Den Quark durch das Sieb drücken, schaumig schlagen und damit das Gelee garnieren. *(47)*

Kaffeesülze

750 ml normal starker Kaffee, 50 ml Mokkalikör, 22 g oder 11 Blatt Gelatine

Kaffee und Mokkalikör mischen und Gelatine (nach Vorschrift gequollen und aufgelöst) darunter rühren. In Sektschalen oder Kompottschüsselchen füllen und kalt stellen, bis alles geliert ist.
Vor dem Servieren Vanillesoße darüber gießen und dazu Dresdner Baumkuchen reichen. *(94)*

Kaffeekrem

*500 g Sahne, 150 g Zucker,
200 ml Milch, 4 Eigelb,
20 g Gelatine, 25 Vanillinzucker,
40 g gemahlener Kaffee*

Kaffee mit der Milch aufbrühen und filtern. Dann die Eigelbe mit dem Zucker verquirlen und unter die noch heiße Milch geben. Diese Masse im Wasserbad zu kremiger Konsistenz aufschlagen und dabei die nach Vorschrift gequollene und aufgelöste Gelatine unterziehen. Alles zusammen abkühlen lassen, bis die Masse anfängt zu gelieren, dann die geschlagene Sahne unterziehen und in Gläser füllen. *(94)*

Quitten-Flammeri

*400 g reife Quitten, 1/2 l Wasser,
100 g Zucker, etwas abgeriebene
Zitronenschale, Nelken, Zimt;
500 ml Milch, 100 g Zucker,
25 g Vanillinzucker, 70 g Grieß,
20 g Butter, 1 Prise Salz, 1 Ei*

Quitten vierteln und Kerngehäuse entfernen. Früchte in Wasser mit Zucker, Zitronenschale, Nelken und Zimt etwa 20 bis 25 min kochen. Einige Spalten als Garnitur übrig lassen, den Rest pürieren.
Milch, Vanillinzucker, Zucker, Prise Salz und Butter aufkochen und den Grieß einrieseln lassen; bei genügender Hitze 5 min gut durchkochen und ausquellen lassen. Masse leicht abkühlen lassen und dann das Eigelb unterziehen. Eiklar steif schlagen und mit dem Quittenpürre unter die Grießmasse ziehen.
Masse in Portionsgläser füllen, auskühlen lassen und vor dem Servieren mit Quittenspalten garnieren. *(94)*

Fritierte Apfelringe oder „Sächsische Ringtaler"

*Äpfel, Mehl, Eier, Milch,
Zucker, Fritierfett*

Äpfel schälen, Kerngehäuse entfernen, Äpfel in Ringe schneiden und mit Mehl bestreuen. Eierteigmasse zubereiten, die bemehlten Apfelringe in die Masse tauchen und im heißen Fritierfett goldgelb backen. Danach mit Zucker bestreuen und entweder als süße Nachspeise oder als Gebäck servieren. *(15)*

Apfelkrapfen

4 große Äpfel, 250 g Mehl, 2 Eier, 1 Prise Salz, 1 Tasse helles Bier, etwas Rum, Zucker, Zimt, Öl zum Ausbacken

Äpfel schälen und das Kerngehäuse ausstechen. Die Äpfel in 1 cm dicke Ringe schneiden, mit Rum beträufeln, Zucker und Zimt darüberstreuen und ziehen lassen.
In der Zwischenzeit den Backteig bereiten: Das Mehl mit Bier, Eigelben und so viel Wasser verrühren, daß ein zähflüssiger Teig entsteht.
Eine Prise Salz dazugeben und zum Schluß die steifgeschlagenen Eiklar unterheben.
Die vorbereiteten Apfelringe in den Teig tauchen und im heißen Fett (etwa 180 °C) goldgelb ausbacken. Mit Zucker und Zimt bestreuen und warm servieren.
Man kann die Apfelkrapfen auch mit Staubzucker bestreuen und Vanillesoße dazu reichen. *(78)*

Apfel-Pastetchen

4 Milchbrötchen, 2 Eier, 15 g Fleischextrakt, 30 g Butter, 5 Eßl. Sahne, 2 Teel. Zucker, 20 Mandeln, gemahlen, 8 Borsdorfer Äpfel oder Reinetten, Zwieback
Tip: Statt Fleischextrakt eine Prise Salz und zwei Teelöffel Zucker mehr für die Fülle. Mit Schlagsahne ein raffinierter Nachtisch.

Die Milchbrötchen halbieren, aushöhlen und mit Butter ausstreichen. Die Äpfel fein schnitzeln, in etwas Butter glasig schmoren, erkalten lassen und mit Zucker, Mandeln, aufgelöstem Fleischextrakt, der Sahne und den Eiern (das Eiklar zuvor zu Schnee schlagen) vermengen. Die Masse in die Brötchen füllen, mit geriebenem Zwieback bestreuen und auf einem Blech in den Backofen stellen und nicht zu stark erwärmen. Die Apfelspeise wirkt appetitanregend. *(39)*

Apfelkäulchen

1 1/2 Pfund Kartoffeln, 1 Pfund Äpfel, 1 Teel. Salz, 3 Eßl. Mehl, 1 Eßl. Butter, 3 Eßl. Zucker, 1 Eßl. Korinthen, 4 Eßl. Fett

Die Kartoffeln tags zuvor in der Schale kochen. Am nächsten Tag schälen und reiben. Die Äpfel schälen, vom Kerngehäuse befreien, schnitzeln und mit Zucker bestreuen. Alle Zutaten zu einem Teig vermengen, daraus flache Käulchen formen und diese im Tiegel im dampfenden Fett auf beiden Seiten backen. Mit Zucker bestreut servieren. *(86a)*

Sächsischer Speckkuchen

Apfel-Pizza mit Schlagsahne

1 Stück Hefeteig ohne Zucker (bereits vorgebacken), 5 Äpfel, Zucker, Zimt, Schlagsahne

Äpfel reiben, mit Zucker und Zimt vermischen, anschließend auf dem gebackenen Hefeteig verteilen. 20 min im Grill erhitzen, bis die Oberfläche sich bräunt. Auf den Teller geben, mit Schlagsahne besprühen und sofort heiß servieren.
Derartige Hefekuchen sind in der Oberlausitz als Dessert üblich. *(60)*

Kartoffelkuchen

400 g Kartoffeln, 250 g Zucker, 180 g Mandeln, 4 bis 5 Eier, die abgeriebene Schale einer Zitrone

Zucker und Eigelb schaumig rühren, die in der Schale gekochten, geschälten und geriebenen Kartoffeln, die geriebenen Mandeln und die Zitronenschale dazugeben und das geschlagene Eiklar daruntermischen. Die Masse in eine ausgebutterte, mit Mandeln bestreute Springform füllen und den Kuchen im nicht zu heißen Ofen 30 … 40 min backen. *(49)*

Erdäppelkuchen

250 g Mehl, 15 g Hefe, 1/8 l Milch, 250 g Kartoffeln, 3 Eßl. Butter, 3 Eßl. Zucker, abgeriebene Schale einer Zitrone, 1 Ei

Mit Hefe, Milch, Zucker und Mehl Hefestück bereiten und 20 min gehen lassen. Danach alle Zutaten zu einem Teig verarbeiten, nicht zu dünn ausrollen und bei Mittelhitze 20 min backen. *(75)*

Speckkuchen

750 g Weißbrotteig, 750 g Brotteig (Mischbrot), 125 g Margarine, etwas Mehl, 250 g Speck, 3 größere Zwiebeln, Salz, Kümmel, 7 Eier, etwas Kondensmilch

Den Brotteig beim Bäcker bestellen, mit Margarine und etwas Mehl verkneten und auf einem gefetteten Blech ausrollen. Speck und Zwiebeln in Würfel schneiden, auf dem Teig verteilen und leicht andrücken. Salz und Kümmel darüber streuen und die mit Kondensmilch verquirlten Eier darauf gießen.
Bei milder Hitze zunächst 10 min, dann bei Mittelhitze etwa 35 min backen und heiß mit frischem Salat servieren. *(19)*

Sächsischer Speckkuchen

370 g Mehl, 125 g Butter, 1/8 l Milch, 1/2 Teel. Salz, 30 g Zucker, 30 g Hefe, 2 Eigelb, 125 g Speck, Korinthen, Zimt, etwas Zucker, Pomeranzenschale

Normalen Hefeteig bereiten, zu einer 15 cm breiten Rolle kneten, je nach Geschmack mit Korinthen, Zimt, etwas Zucker und geriebener Pomeranzenschale bestreuen und gehen lassen.
Teig anschließend in eine flache Kuchenpfanne drücken, einen Rand formen und nochmals aufgehen lassen. Danach mit in kleine Würfel geschnittenem Speck, Kümmel und etwas Zucker bestreuen und bei mittlerer Hitze etwa 45 min ausbacken. *(34)*

Dresdner Christstollen

1 kg Mehl, 100 g Hefe, 1/2 l Milch, 200 g Zucker, 450 g Butter, Schale einer Zitrone, je 1/2 gestrichenen Teelöffel Kardamom und Muskatblüte, 10 g Salz, 400 g Rosinen, 100 g gehacktes Zitronat, 100 g gehacktes Orangeat, 150 g gehackte Mandeln, 30 g gehackte bittere Mandeln, 100 g Butter, 125 g Puderzucker, 2 Päckchen Vanillinzucker

Mit etwas Mehl, zerbröckelter Hefe, 2 Teel. Zucker und etwas Milch den Vorteig bereiten, zudecken, warm stellen und etwa 45 min gehen lassen.
Mehl, Milch, Zucker, 450 g warme Butter, Zitronenschale, Salz und die anderen Gewürze kräftig vermischen. Abgebrühte und getrocknete Rosinen, Zitronat, Orangeat und Mandeln in diesen Teig kneten. Den Teig zu einem Ballen formen und nochmals etwa 45 min gehen lassen. Danach alles nochmals kräftig durchkneten, den Stollen formen und noch ein letztes Mal 30 min gehen lassen.
Auf einem gefetteten Blech den Stollen etwa 80 min lang bei 200 °C backen. Noch heiß mit zerlassener Butter bepinseln und mit einer Mischung aus Puderzucker und Vanillinzucker bepinseln.
Den Stollen mindestens zwei Wochen vor dem Genuß backen, damit er richtig durchziehen kann. *(69)*

Dresdner Christstollen

Dresdner Eier-schecke
Dresden, Frauenkirche
Guckuk

Dresdner Eierschecke

Teig: (Mürbteig:) 200 g Mehl, 1/2 Päckchen Backpulver, 100 g Zucker, 1 Ei, 100 g Margarine oder (Hefeteig:) 500 g Mehl, 40 g Hefe, 80 g Zucker, 1/4 l lauwarme Milch, 80 g Butter, 1 Ei, 1 Prise Salz

Quarkmasse: 500 g Quark, 1 Ei, 125 g Zucker, abgeriebene Zitronenschale, nach Geschmack 1/2 Päckchen Vanillinpuddingpulver, 50 g Rosinen

Eierschecke: Vanille-, Sahne- oder Mandelpudding (gekocht und abgekühlt), 3 bis 4 Eier, 150 g Butter, 150 g Zucker

Aus den angegebenen Zutaten entweder einen Mürbeteig (kalt stellen) oder einen Hefeteig (s. auch unter „Hefeklöße" abgedeckt an warmem Ort gehen lassen) kneten, in einer Springform ausrollen und mit einem hohen Rand versehen.
Für die Quarkmasse alle Zutaten verrühren und auf dem Teig glattstreichen.
Eigelbe, Butter und Zucker mit dem Handrührgerät schaumig schlagen und löffelweise den vorher gekochten und abgekühlten Pudding zugeben. Von den Eiklar geschlagenen Eischnee vorsichtig unterheben, die Masse auf den Quark gießen und eventuell mit Mandelsplittern bestreuen.
Eierschecke bei Mittelhitze 50 … 60 min backen, bis sie goldbraun ist. (Vorsichtig mit der Oberhitze umgehen, da die Eierschecke schnell braun wird, obwohl sie im Inneren noch flüssig ist! Eventuell nach einiger Zeit Aluminiumfolie auf den Kuchen legen.) *(66, 69)*

Quarkkuchen ohne Boden

1 kg Quark, 250 g Fett (Butter oder Margarine), 4 Eier, etwas geriebene Zitronen- oder Orangenschale, 250 g Zucker, 1/2 Päckchen Backpulver, 4 Eßl. Grieß, 100 g Rosinen, 1 bis 2 Beutel süße Mandeln

Alle Zutaten kräftig verrühren, in entsprechend vorbereitete Springform geben, glattstreichen und obenauf Mandelstifte streuen. Bei mäßiger Hitze goldbraun backen. *(50)*

Sächsischer Käsekuchen

Teig: 450 g Mehl, 3/8 l Milch, 30 g Hefe, 80 g Butter, 1 Prise Salz, 1 Eßl. Zucker, 1 bis 2 Eigelb
Decke: 150 … 200 g Käse, 100 g Butter, 2 bis 3 Eier, 125 g Zucker, 1/2 l saure Sahne oder Milch

Aus Mehl, Milch, Hefe, Butter, einer Prise Salz, etwas Zucker und 1 bis 2 Eigelb einen Hefeteig bereiten. Diesen gleichmäßig auf ein gefettetes Backblech bringen und 10 min ruhen lassen. Danach den geriebenen Käse auf den Teig streuen, mit zerlassener Butter beträufeln und einen Guß aus Eiern, Zucker und saurer Sahne oder Milch daraufgeben. Etwa 35 … 45 min bei mittlerer Ober- und Unterhitze backen. *(85d)*

Quark-Ananas-(Mandarinen-)Torte

Teig: 150 g Mehl, 100 g Zucker, 80 g Butter, 1 Ei, 1 Teel. Backpulver, abgeriebene Zitronenschale

Quarkmasse: 1 Pfd. Quark, 1/4 l Schlagsahne (ungeschlagen), 2 Eigelb, 1 Teel. Öl, 1 Päckchen Vanillinzucker, 1 Päckchen Vanillinsoßenpulver, 90 g Zucker; 2 Eiklar, 30 g Zucker, Tortenguß

Für den Teig alle Zutaten vermengen und Teig in eine Springform geben. Quarkmasse aus den angegebenen Zutaten herstellen, Eiklar zu Schnee schlagen, 30 g Zucker einrieseln lassen und ganz steif schlagen, unter die Quarkmasse heben.
Quarkmasse auf den Teig geben und mit Ananas- oder Mandarinenstückchen belegen. (Mit Mandarinen schmeckt es herzhafter.)
Bei 200 °C etwa 50 min backen. (Gare mit einer Rouladennadel oder einem Holzstäbchen prüfen, die man in die Mitte des Kuchens sticht – wenn kein Teig daran hängen bleibt, ist der Kuchen gut.)
Nach dem Abkühlen Tortenguß (aus dem Fruchtsaft bereitet) darübergeben. *(74)*

Apfelkuchen

100 … 125 g Butter (Margarine), 125 g Zucker, 2 bis 3 Eier, einige Tropfen Zitronensaft, etwas Salz, 200 g Mehl, 2 gestrichene Teel. Backpulver, 1 bis 4 Eßl. Milch; 500 … 750 g Äpfel, Butter, Puderzucker

Die Zutaten der Reihe nach zu einem Rührteig verarbeiten, in eine Springform füllen und die in Viertel oder Hälften geteilten und mehrfach eingeschnittenen Äpfel leicht in den Teig eindrücken. Etwa 45 min backen, danach mit Butter bestreichen und Puderzucker darüber sieben. *(74)*

Pflaumentorte

Teig: 200 g Mehl, 125 g kalte Butter, 1/2 Teel. Salz, 1 Eßl. Zucker, 4 Eßl. kaltes Wasser
Belag: 2 Eßl. Haferflocken, 1 Eßl. Zucker, 3 Eßl. gehackte Mandeln, 600 g frische entsteinte Pflaumen, Zucker und Zimt, etwas Butter

Einen Mürbeteig bereiten, mindestens 1 Stunde im Kühlschrank stehen lassen, ausrollen, in eine Springform legen und einen etwas dickeren Rand andrücken. Den Teig mit einer Mischung aus Haferflocken, Zucker und Mandeln bestreuen. Die Pflaumen kreisförmig von außen nach innen dicht (halb übereinander liegend) auf den Teig schichten, mit Zimtzucker bestreuen und einige kleine Butterflöckchen obenauf setzen. Bei etwa 200 °C 30 … 45 min backen. (35)

Himbeerkuchen

90 g Zucker, 3/4 l schöne, reife Himbeeren,

100 g Butter, 60 g Mandeln, 30 g Zucker, 30 g geriebene Semmel, 4 Eier

Die Himbeeren mit dem Zucker zu einer geleeartigen Masse kochen. Inzwischen aus der Butter, den feingewiegten süßen Mandeln, Zucker, geriebener Semmel und den 4 Eigelb einen Teig anrühren, dem man zum Schluß das zu Eischnee geschlagene Eiklar zugibt. Auf diesen Teigboden die Himbeermasse gleichmäßig streichen und den Kuchen schnell bei großer Hitze backen. *(85a)*

Apfelstrudel

Teig: 125 g Mehl, 1 Ei, etwas Salz, 15 g frische Butter, 2 Eßl. Wasser oder Milch

Fülle: 1 kg Äpfel, 90 g Zucker, etwas Zimt, 30 g geriebene Mandeln, 80 g Rosinen, 20 g frische Butter

Aus Ei, Salz, Wasser bzw. Milch, der erwärmten Butter und dem Mehl einen glatten Teig rühren und so lange verarbeiten, bis er sich gut ziehen läßt. Dann mit einer erwärmten Schüssel abdecken und 30 min ruhen lassen. Auf einer mit Mehl bestäubten Serviette, die man auf ein Brett legt, den Teig auswalken und papierdünn ausziehen. Darauf die Mandeln, die in dünne Scheiben gehobelten oder geschnittenen und mit Zukker und Zimt bestreuten Äpfel und die gewaschenen Rosinen geben und alles mit zerlassener Butter beträufeln. Dann den Strudel mit Hilfe des Tuches zusammenrollen, auf ein gebuttertes Backblech legen, mit Eigelb bestreichen und im ziemlich heißen Ofen 40 … 50 min backen. Den Strudel in schmale Stükke schneiden, mit Zucker bestreuen und warm servieren. *(49)*

Kirschkuchen mit Mandeln

250 g Butter, 200 g Zucker, Salz, Zitrone, Zimt, Nelken, 300 g Ei (etwa 6 Stück), 100 g geriebene süße Mandeln, 50 g gehobelte süße Mandeln, 250 g Weizenmehl, 200 g entsteinte Sauerkirschen, 50 g Aprikosenmarmelade, 30 g Puderzucker

Butter, Zucker und Gewürze schaumig rühren. Eier, geriebene Mandeln und Mehl dazugeben, gut durcharbeiten. 2/3 der Masse in die gefettete und ausgebröselte Form geben, darauf die Kirschen verteilen und den Rest der Masse darüber streichen. Bei 200 °C etwa 45 min backen.
Anschließend mit der heißen Marmelade bestreichen, die gehobelten Mandeln un d den Puderzucker darüber streuen. *(94)*

Rhabarberkuchen mit Guß

Teig: 175 g Mehl, 10 g Hefe, 75 g Milch, 35 g Butter, 30 g Zucker, Salz, Zitrone

Belag: 600 g Rhabarber; 100 g Milch, 20 g Zucker, 10 g Puddingpulver, 1 Eigelb

Guß: 180 g Milch, 10 g Mehl, 10 g Weizenpuder, 25 g Butter, 2 Eier, 80 g Zucker

Aus den Zutaten für den Teig einen Hefeteig bereiten und in eine Springform (Durchmesser 27 cm) drücken. Darauf einen Pudding streichen, den man aus den angegebenen Zutaten für den Belag kocht, und den geputzten, in Stücke geschnittenen Rhabarber darauf verteilen. Kuchen an einem warmen Ort gehen lassen und in der Zwischenzeit den Guß bereiten:
Aus Milch, Mehl und Weizenpuder einen Pudding kochen, dann die 2 Eigelb, Butter und 30 g Zucker einrühren. Eiklar mit 50 g Zucker zu Schnee schlagen und unter die Masse ziehen, den Guß über den Rhabarber gießen und den Kuchen bei 180 °C etwa 1 Stunde backen. *(94)*

Stachelbeerkuchen mit Streuseln

300 g Hefeteig (wie unter Rhabarberkuchen beschrieben), 150 g Vanillinpudding (wie bei Rhabarberkuchen), 600 g Stachelbeeren (grün), 45 g Zucker, 60 g Butter, 100 g Mehl, Salz, Zitrone, 30 g Puderzucker

Hefeteig bereiten und in Form (Durchmesser 27 cm) einlegen. Pudding auf Hefeteig geben und darauf die geputzten Stachelbeeren verteilen. Den Zucker mit der Butter kurz verkneten und das Mehl darunterarbeiten, bis die Streusel krümelig sind und die Streusel auf dem Kuchen verteilen.
Kuchen an einem warmen zugfreien Ort gehen lassen und dann bei 200 °C etwa 45 min backen. Vor dem Servieren mit Puderzucker bestreuen. *(94)*

Johannisbeerkuchen mit Baiserdecke

Teig: 150 g Weizenmehl, 100 g Butter, 50 g Zucker, Salz
Belag: 600 g Johannisbeeren; 200 g Eiklar (etwa 4 Eier), 300 g Zucker, 125 g geriebene und geröstete Haselnüsse, 50 g Grieß, Vanillearoma, Zimt, Semmelbrösel

Einen Mürbeteig bereiten, daraus einen Boden backen, aber etwas Teig für den Rand übrig behalten. Diesen nach dem Anbacken des Bodens am Rand der Form andrücken.
Brösel und etwas Zimt auf den Boden streuen und Johannisbeeren auf den Boden geben. Eiklar mit Zucker zu steifem Schnee schlagen, darunter die geriebenen Haselnüsse und den Grieß ziehen.
Baisermasse auf die Johannisbeeren streichen und den Kuchen bei etwa 180 °C (nicht zuviel Oberhitze) 30 min backen. *(94)*

Rühraschkuchen (Bäbe)

1 Pfund Mehl, 4 Eier, 65 g Butter, 3 Löffel Rum, 2 Löffel saure Sahne, 1 Päckchen Backpulver, Puderzucker

Butter, Zucker, Eier, Rum und Sahne schaumig rühren. Löffelweise Mehl zugeben, zuletzt Backpulver – mit ein wenig Mehl vermischt – unterrühren. In eine gefettete, ausgebröselte Napfkuchenform geben und bei Mittelhitze etwa 40 min backen. Mit Staubzucker bestreuen. *(75)*

Bienenstich

Teig: 170 g Mehl, 1/2 Päckchen Backpulver, 50 g Margarine, 40 g Zucker, 1 Ei, 1 Prise Salz, 1 Päckchen Vanillinzucker

Belag: 100 g Butter, 100 g Zukker, 100 g Kokosraspel, 1 Ei, etwas Kaffeesahne

Alle Zutaten für den Teig rasch verkneten und in eine gefette Form drücken.
Für den Belag die Butter zerlassen, Zucker, Kokosraspel und Ei zufügen und verrühren. Zur besseren Geschmeidgkeit kann etwas Kaffeesahne untergemischt werden.
Belag auf den Teig geben und den Kuchen bei Mittelhitze etwa 20 … 30 min backen. *(59)*

Mohrenkopfkuchen

7 Eier, 100 g Mehl, 150 g und 6 Eßl. Zucker, 1/2 Päckchen Backpulver, 1 Eßl. Kakao, 80 g Kokosfett

Aus 6 Eigelb, dem Mehl, Backpulver und 100 g Zucker einen Teig kneten. Diesen mit eingemehlten Händen in eine Springform drücken und bei Mittelhitze etwa 10 … 12 min backen.
Inzwischen aus 6 Eiklar, denen man allmählich 6 Eßl. Zucker zugibt, eine schnittfeste Masse schlagen (5 min). Diese Masse auf den angebackenen Teig geben und alles nochmals für 10 min bei mäßiger Hitze in die Backröhre schieben.
Für den Guß 1 Eigelb, 50 g Zucker, 1 Eßl. Kakao und das geschlagene Eiklar verrühren und unter Rühren tropfenweise das zerlassene Kokosfett zugeben.
Den Guß sofort auf die noch heiße Torte geben. *(23)*

Der Kuchen schmeckt immer nach dem Bäcker.

Dresdner Luftkuchen

4 Eier, 4 Päckchen Puddingpulver, 1 Tasse Öl, 1 Tasse Zucker, 1/2 Päckchen Backpulver

Dieses Rezept ist besonders beeignet, wenn es einmal schnell gehen soll. In etwa 40 Minuten ist der Kuchen fertig.
Zuerst die Eier trennen und die Eiklar zu Schnee schlagen. Die Eigelb mit den restlichen Zutaten vermischen und zu einem Teig verarbeiten. Dann vorsichtig den Eischnee unterheben und den Teig in eine mit Backpapier ausgelegte Springform geben. Bei Stufe 3 im Gasherd auf der mittleren Schiene etwa 30 min backen. Der Kuchen kann noch mit einer Glasur versehen werden. Als Abwandlung kann man dem Teig auch noch einige Teelöffel Kakao zugeben. *(46)*

Kleckskuchen

Für Kleckskuchen aus der Oberlausitz einen Hefeteig bereiten und mit angerührtem Quark, Mohn und Konfitüre belegen. Obenauf gehören Streusel. *(47)*

Dominosteine (Rezept aus der Hof-Konditorei)

500 g Lebkuchenteig, 25 g Gelatine, 665 g Himbeermarmelade, 465 g Zucker, Wasser, flüssige Schokolade

Lebkuchenteig teilen, zu zwei Teigplatten ausrollen, mit Wasser bestreichen und etwa 25 min bei 175 … 190 °C backen. Für die Füllung Gelatine in 200 ml kaltem Wasser 15 min quellen lassen. In der Zwischenzeit die Marmelade mit 0,7 l Wasser aufkochen und die gequollene Gelatine darunterrühren. Danach den Zucker mit 160 ml Wasser etwa 10 min kochen. Diesen Zuckersud mit der Marmeladenmasse gut verrühren und nach dem Abkühlen handwarm auf eine der Teigplatten gleichmäßig aufstreichen. Mit der zweiten Teigplatte abdecken. Nach dem Abkühlen die Platte in 3 cm x 3 cm große Stücke schneiden und mit flüssiger Schokolade überziehen, wodurch ein Austrocknen verhindert wird. *(78)*

Teegebäck

150 g Zucker, 300 g Butter, 450 g Mehl, 1 Ei, Salz, Vanille- und Zitronenaroma; je nach Geschmack Zucker, geriebene Mandeln, gehackte Nüsse, Schokoladenguß, Nugat, Zuckerglasur oder Butterstreusel als Garnierung

Aus den Zutaten einen Mürbeteig kneten, der schon am Vortag bereitet werden kann (mit einem Tuch abgedeckt in den Kühlschrank stellen). Teig etwa 3 mm dick ausrollen und mit Wasser einstreichen. Mit vielfältigen Formen den Teig ausstechen, die Stücke in Zucker, geriebene Mandeln oder gehackte Nüsse stippen oder Butterstreusel aufstreuen. Plätzchen 8 ... 10 min bei 175 ... 200 °C goldgelb backen. Einen Teil des Gebäcks erst nach dem Backen vollenden und mit Schokoladenguß, Nugat oder Zuckerglasur überziehen. Beim Garnieren sind keine Grenzen gesetzt; das macht das Backen vor allem für Kinder zum Erlebnis, denen man dabei freie Hand lassen sollte. *(78)*
Tip: „Schneller Prasselkuchen" zu Kaffee oder Tee: den Mürbeteig gut 1/2 cm dick ausrollen und mit Butterstreuseln belegen.

Kekse

500 g Butterschmalz, 4 bis 5 Eier, 500 g Zucker, 4 Päckchen Vanillinzucker, 1 kg Mehl, 3 Eßlöffel Kakao

Die Zutaten (außer dem Kakao und einem Eiklar) gut verkneten. Einem Drittel der fertigen Teigmenge den Kakao unterkneten.Teige ausrollen (den weißen Teig etwas dicker als den braunen). Mit Eiklar einstreichen, übereinanderkleben, zusammenrollen und 20 Stunden im Kühlschrank lagern. Ein Messer in heißes Wasser tauchen und die Rollen in Scheiben schneiden. Diese Kekse 10 min bei Mittelhitze auf dem gefetteten Backblech backen. *(41)*

Pfannkuchen

1 1/4 Pfund Mehl, 30 g Hefe, 1 Eßl. Zucker, 1/4 l Milch, 60 g Butter, 2 Eier, 2 Eßl. Zukker, 1 Teel. Salz, abgeriebene Schale einer halben Zitrone, 20 süße und 5 bittere Mandeln, 1/2 Pfund Marmelade, Ausbackfett, Zucker zum Bestreuen

Einen Hefeteig herstellen, diesen 30 min aufgehen lassen, dann 1 cm dick ausrollen. Auf der einen Hälfte der Teigplatte mit einem Glas Abdrücke machen, jeweils in die Mitte etwas Marmelade geben, die Ränder mit Eiklar bestreichen, die andere Hälfte der Teigplatte darüberschlagen und die Ränder festdrücken. Mit einem Glas die Pfannkuchen ausstechen, aufgehen lassen, in dampfendem Fett auf beiden Seiten goldgelb backen und mit Zucker bestreuen. *(86a)*

Möhrenlebkuchen

250 g Sirup, 100 g Zucker, 20 g Kakao, 1 Prise Salz, 4 g Zimtpulver, 3 g Nelkenpulver, 3 g Kardamom, 1 Zitrone (Saft und abgeriebene Schale), 250 g Möhren, roh, 500 g Mehl, 1 Päckchen Backpulver, 100 g Zitronat, 30 g Orangeat, 100 g Feigen, 100 g Korinthen, 50 g süße gehackte Mandeln

Sirup und Zucker erhitzen, Kakao und Gewürze untermengen, erkalten lassen. Die rohen, fein geriebenen Möhren gut unterrühren. Das mit Backpulver gemischte und gesiebte Mehl löffelweise dazugeben, dann die kleingeschnittenen weiteren Zutaten. Eventuell 4 bis 5 Eßl. Milch zugeben, um einen streichfähigen Teig herzustellen und auf ein gefettetes Blech etwa 1 1/2 cm dick aufstreichen. Rechtecke oder Rhomben einritzen, mit den Mandeln verzieren, überbacken. Den noch warmen Kuchen mit Zitronenguß bestreichen und sofort schneiden. *(59)*

6-Löffel-Teig (Tortenboden)

6 Eßl. Mehl, 6 Eßl. Zucker, 6 Eßl. Öl, 3 Eier, 1/2 Päckchen Backpulver, 1 Prise Salz

Alle Zutaten verrühren (nach Belieben noch 6 Eßl. Mohn dazugeben), in eine Springform füllen und etwa 15 min backen. *(74)*

Falscher Hefeteig

200 g Mehl, 100 g Quark, 100 g Zucker, 4 Eßl. Milch, 1 Teel. Backpulver, 1 Prise Salz

Alle Zutaten verkneten, zuletzt den Teig mit einer Gabel einstechen. *(74)*

Marinaden und Eingelegtes

Dr Saggse hadd nich gerne Sorschn,
drum denkdr ooch glei midd an morschn,
un dud schnurschdraggs ässbare Sachng
for schbäder ämal haldbar machng.
Ä bissl sauer gehd's hier zu,
damidd vordärm (verderben) gann nich im Nu
Gemiese un vom Dier äs Fleesch.
(Midd Beize wärd's ooch besser weesch!)

Mayonnaise, selbst hergestellt

1 Eßl. Zucker, 4 Eigelb, 1 Tasse Öl

Zucker und Eigelbe in einer Schüssel kurz schlagen. Tropfenweise das Öl zugeben und dabei weiterschlagen, bis die Masse steif ist. *(12)*

Sauerbratenmarinade

1 l Wasser, 1/2 l Essig, 2 Zwiebeln, 2 Möhren, 100 g Sellerie, 1 kleine Stange Porree, 1 Petersilienwurzel, 2 Lorbeerblätter, 6 Gewürznelken, 12 Pfefferkörner, 1 Teel. gekörnte Brühe, 1 Teel. Thymian, 1 Eßl. Salz, 1 Knoblauchzehe

Essig mit Wasser mischen, gekörnte Brühe, Salz, Thymian und zerdrückte Pfefferkörner dazugeben. Eine geschälte Zwiebel mit Lorbeerblatt umlegen und das Lorbeerblatt mit den Gewürznelken feststecken. Die geputzten und gut gewaschenen Gemüse und die restliche Zwiebel in große Würfel schneiden und an die Würzflüssigkeit geben. Alles gut aufkochen und danach völlig auskühlen lassen. Die Marinade über das Fleisch geben. Sie reicht zum Marinieren von 1,5 … 2 kg Sauerbraten. Das Fleisch in der Marinade wenigstens 3 Tage (besser 5 bis 6 Tage) belassen. Es muß immer gut bedeckt sein und zugedeckt kühl stehen. *(1)*

Pikante Soße

1/2 l frische dicke Sahne, 1 rohes Eigelb, 1 Prise Salz, 1 Prise Pfeffer, 1 Teel. Zucker, 1 Teel. Senf, 5 g Fleischextrakt, 3 bis 4 Eßl. Tafelöl, Zitronensaft

Zuerst Senf, Fleischextrakt, Salz und Zucker vermischen. Dann die übrigen Zutaten nach und nach darunter mischen. Die Soße kann man zu Geleeschüsseln und Sülzen servieren. *(39)*

Süßsaure Tunke

500 g Rindfleisch, 1 große Handvoll Rosinen, Margarine, Mehl, Zucker, Essig

Das Rindfleisch kochen und in Stücke schneiden. Mit einer Mehlschwitze und der Brühe eine aufgeschlagene Soße (Holländische Soße) herstellen. Die Rindfleischstücke und die Rosinen in die Soße geben, mit Zucker und Essig abschmecken. Zu diesem alten Oberlausitzer Essen Klöße reichen. *(65)*

Gemüsebeize

30 g Olivenöl, 150 g feingewürfeltes Gemüse vom Markt (Karotten, Sellerie, Fenchel, Lauch, Pastinake), 30 g Gartenkräuter (Melisse, Estragon, Basilikum, Salbei), 1 Lorbeerblatt, 15 g Zitronenschale in Streifen, ohne weiße Haut, 2 bis 3 gestoßene weiße Pfefferkörner, 100 ml Weißwein (Müller-Thurgau/Meißner Traminer)

Das Öl leicht erhitzen, Würfelgemüse hineingeben und kurz anschwitzen (ohne Farbgebung). Später die Gewürze zugeben und mit dem Wein kurz verkochen.
Gemüsesud abkühlen lassen und die frischen Kräuter zufügen. Das Fleisch darin einlegen und im Kühlschrank zugedeckt etwa 12 bis 18 Stunden einziehen lassen.
Diese Art des Beizens eignet sich besonders für Filets von See- und Süßwasserfischen sowie für helles Geflügel und Schlachtfleisch. *(81)*

Senfmarinade

20 ml Weißweinessig, 30 g mittelscharfer Senf, 1 Prise Zucker und frischgemahlener weißer Pfeffer, 1 Schalotte, gewürfelt, 30 ml Maiskeimöl oder Nußöl, 20 g Gartenkräuter

Etwas Öl leicht erhitzen und die Zwiebelwürfel darin ohne Farbgebung kurz schwitzen. Danach den Weißweinessig mit einer Prise Zucker zufügen und aufkochen. Fond abkühlen lassen und das restliche Öl, Senf und den Zwiebelessigsaft zu einer Emulsion verrühren. Nach Belieben auch feingehackte Kräuter unterheben.
Senfmarinade paßt u. a. gut zu Blattsalaten, abgekochten Bohnen, Keimlingen, gedünstetem Kalbsbries, gedünstetem Fischfilet, Krebsen, Lachs. *(81)*

Wein-Kräuter-Marinade

30 ml Weißwein, (Müller-Thurgau/Meißner Traminer), 20 ml Weinessig, 30 ml Sonnenblumenöl, 1 Lauchzwiebel, 20 g gezupfte Kräuter (Dill, Estragon, Melisse, Basilikum), 1 gepreßte Knoblauchzehe, 1 Prise Zucker und gestoßener weißer Pfeffer

Die Lauchzwiebel in feine Streifen schneiden und mit allen aufgeführten Zutaten mischen. Zum Schluß mit aufgelöstem Zucker, etwas Knoblauchsaft und Pfeffer abschmecken. Diese Marinade ist zur Verfeinerung von Blattsalaten sowie Gurken-, Tomaten-, Zucchini- und Blumenkohlsalat bestens geeignet. *(81)*

Rotweinbeize

100 ml Rotwein (Spätburgunder von Saale-Unstrut), 5 schwarze Pfefferkörner, 2 bis 3 Wacholderbeeren, 2 Pimentkörner (jeweils angedrückt), je 1 frischer Thymian- und Rosmarinzweig, 1 Schalotte, 30 ml Walnußöl, 30 g Orangenschalenstreifen ohne weiße Haut, 50 g Karottenscheiben

Das zum Beizen vorgesehene Fleisch mit den angegebenen Zutaten einreiben und den Rotwein zugeben. Anschließend alles abdecken und 1 Tag im Kühlschrank stehen lassen, dabei das Fleisch gelegentlich in der Marinade wenden.
Das Beizen mit Rotwein eignet sich besonders für Fleischteile vom Hasen, Rotwild, Wildschwein und Fasan. *(81)*

Rotweinbeize für Hirsch und Wildschwein

800 g kräftiger trockener Rotwein (Meißner Landwein), 100 g Zwiebeln geschält, 100 g Möhren, geputzt, 50 g Lauchgemüse, geputzt, 1 gehäufter Teel. Rosmarin, gerebelt, 20 g Wacholderbeeren, etwas schwarzer gemahlener Pfeffer, ein halbes Lorbeerblatt

Zwiebeln, Möhren und Lauch grob zerkleinern, die Wacholderbeeren auf einem Holzbrett zerdrücken. Das Wurzelgemüse mit den Wacholderbeeren, dem Rosmarin, dem schwarzen Pfeffer und Lorberblättern in den Rotwein geben.
Das Fleisch locker schwimmend in diese Beize einlegen und je nach Größe der Stücke 4 bis 5 Tage beizen. Danach gut abtropfen lassen und zum Braten vorbereiten. Das Gemüse und einen Teil der Beize mit zur Soße verwenden. *(83)*

Käsemarinade

230 ml Öl/Olivenöl, 10 ml Weinessig, 1 Prise Zucker, 80 g Zwiebeln, 20 g Dill, 2 Knoblauchzehen, 350 g Schnitt- oder Schafskäse, 1 Lorbeerblatt, 1 Chilischote, 3 Pimentkörner, 4 Pfefferkörner (jeweils angedrückt)

Den Käse in 1 cm x 1 cm große Würfel schneiden und mit den Gewürzen schichtweise in ein Glas geben, anschließend mit dem Öl auffüllen. Danach das Glas verschließen und 2 bis 3 Tage stehen lassen.
Die marinierten Käsewürzbissen sind besonders zu Blattsalaten, Tomaten- und Gurkengemüse sowie zu gratinierten oder gegrillten Schlemmereien von Fisch, Gemüse und Fleisch zu empfehlen. *(81)*

Buttermilch- oder Joghurtbeize

250 ml Buttermilch oder Joghurt, 5 Wacholderbeeren, angedrückt, 1 Knoblauchzehe, gepreßt, je 1 frischer Thymian- und Rosmarinzweig, 1 Lorbeerblatt

Die Kräuter und Gewürze mit der Buttermilch oder dem Joghurt mischen. Das Fleisch 2 bis 3 Tage darin einlegen, gelegentlich drehen und zugedeckt im Kühlschrank lagern.
Das Fleisch vor dem Braten aus der Naßbeize nehmen, danach die Beize abstreifen oder abtropfen lassen. Übrige Marinade für die Soßenherstellung verwenden.
Die Milchsäure ist ein guter Geschmacksgeber, macht das Fleisch zugleich auch mürbe.
Besonders geeignet ist diese Beize für geschmorte Wild- und Lammspezialitäten. *(81)*

Buttermilchbeize für Hase und Reh

800 ml Buttermilch, 100 g Zwiebeln, geschält, 100 g Möhren, geputzt, 100 g Sellerie, geputzt, 20 g Wacholderbeeren, etwas weißer Pfeffer, ein halbes Lorbeerblatt

Zwiebeln, Möhren und Sellerie würflig schneiden, die Wacholderbeeren auf einem Holzbrett zerdrücken. Die Wurzelgemüse und Wacholderbeeren mit dem weißen Pfeffer in die Buttermilch geben. In einem Steingutgefäß den Boden mit Beize bedecken, das Fleisch einlegen, mit Beize auffüllen und etwa zwei bis drei Tage bei 6 ... 8 °C darin belassen. Danach die Beize entfernen und das Fleisch zum Braten vorbereiten.
Einen Teil der Beize und das gesamte Gemüse für die Soßenherstellung nutzen. *(83)*

Kräuter-Joghurt-Schaum

125 ml Joghurt, 50 ml geschlagene Sahne (30 % Fett), 20 g gezupfte Kräuter (Dill, Kerbel, Kresse, Petersilie), Saft einer Limette, 1 Prise Zucker und frisch gemahlener weißer Pfeffer

Den Joghurt mit den Kräutern und dem Saft der Limette verrühren, mit einer Prise Salz und frisch gemahlenem Pfeffer abschmecken. Zum Schluß die geschlagene Sahne unterheben.
Kräuter-Joghurt-Schaum paßt zu Blattsalaten, abgekochtem Spargel, Räucherfisch sowie Schalen- und Krustentieren. *(81)*

Orangen-Honig-Marinade mit Walnüssen

100 ml Orangensaft, frisch gepreßt, 20 ml Zitronensaft, 20 g Lindenblütenhonig, flüssig, 30 g Walnußkerne ohne Haut, grob gehackt, 20 ml Walnußöl, 30 g Apfelmus

Orangensaft und Zitronensaft vermischen, den flüssigen Honig und das Apfelmus hineinrühren. Danach Walnußöl nach und nach einquirlen und zum Schluß die Walnüsse zufügen.
Diese Marinade paßt zu Chicorée, Staudensellerie, Blattsalaten, Feldsalat, Löwenzahn, Spinatblättchen und abgekochtem Geflügel. *(81)*

Tomatenketchup

2,5 kg Tomaten, 2 Zwiebeln, 1 Knoblauchzehe, 125 g Zucker, 125 ml Essig, Salz, 4 Nelken, 2 Lorbeerblätter, 1/2 Zimtstange

Tomaten waschen, abtropfen lassen, Stengelansätze ausschneiden, würfeln, Zutaten beigeben. Die erhaltene Tomatenmasse bei mittlerer Hitze 45 min dick einkochen lassen. Anschließend durchs Passiersieb geben. Heiß auftragen. *(55)*

Mixed Pickles

Unter Mixed Pickles versteht man eine in Kräuteressig mit natürlichen Gewürzen eingelegte Gemüsemischung aus kleinsten unzerteilten Gurken, Blumenkohlröschen, kleinen Zwiebeln, grünen Erbsen, Möhren, Bohnen, grünem Gemüsepaprika und zarten, kleinen Maiskolben mit folgenden Anteilen:
40 % Gurken, 20 % Zwiebeln, 15 % Blumenkohl und je etwa 5 % grüne Erbsen, Möhren, Bohnen, Paprika und Mais.
Die Gemüse küchenmäßig zuputzen und kurz vorkochen, um eine gleichmäßige, nicht zu weiche Beschaffenheit zu erreichen. Dann die Gewürze und die Aufgußflüssigkeit (jeweils für ein Literglas berechnet) zugeben und 20 min bei 90 °C pasteurisieren.
Zutaten für den Gewürzaufguß:
Eine Handvoll Körnerdill, 1 bis 2 Stengel Bohnenkraut, 1 Stengel Estragon (jeweils frisch oder getrocknet und geschnitten), 20 … 30 g Senfkörner, 1 Stück getrockneter roter Gewürzpaprika, 5 bis 6 Pfefferkörner und etwas gemahlener Pfeffer, 250 ml Wasser, 65 ml 10%igen Essig, 12 g Zucker, 13 g Salz. Wasser, Essig, Zucker und Salz zusammen kurz aufkochen lassen und abgekühlt aufgießen. *(87a)*

**So geht's in der Welt:
der eine hat den Dill,
der andere die Gurken.**

Sauer eingelegte Bohnen

500 g Bohnen, 1 Zwiebel, 2 Eßl. Senfkörner, 1/2 Eßl. Salz, 1/4 Eßl. Zucker, 3 Eßl. 40%ige Essigessenz, 1 1/2 l Wasser, Bohnenkraut

Die Bohnen putzen und waschen. Das Wasser mit allen Zutaten zum Kochen bringen und dann die Bohnen hineingeben. Auf kleiner Flamme so lange weiter kochen lassen, daß die Bohnen noch bißfest bleiben. Die Bohnen eignen sich als Beilage zu kalten Platten. *(6)*

Gewürzgurken

Zutaten für ein Industrieglas: etwa 500 g Einleger (sehr kleine Gurken), 1 Eßl. Zucker, 1 Teel. Salz, 1 halbe Tasse Weinessig, 1 Lorbeerblatt, 3 kleine Zwiebeln, Senfkörner, Dill, Bohnenkraut, Ingwer, Meerrettich

Die Gurken ganz sauber bürsten und über Nacht in Salzwasser legen.
Danach die Gurken ins Glas geben, die verschiedenen Zutaten dazugeben. Zum Schluß mit heißem Wasser das Glas bis 2 cm unter den Deckelrand füllen. Danach 25 min bei 95 °C sterilisieren. *(41)*

Schnellgurken

1 kg Einlegegurken, 3 l Wasser, 6 Eßl. Salz, 3 Tassen Essig, wenig Dill, viel Bohnenkraut

Alle Zutaten kochen und heiß auf die vorgewaschenen Gurken gießen. Abkühlen lassen. *(55)*

Senfkürbis

5 kg Kürbis, 125 g Salz, 1 l Kräuteressig, 1/2 l Wasser, 50 g Zucker, 4 Eßl. Senfkörner, 1 Stange Meerrettich, 500 g kleine Zwiebeln, Dill/Dilldolden

Den Kürbis schälen, entkernen, in 10 cm lange und 4 cm breite Stücke schneiden, in einer Schüssel mit Salz vermischen und zugedeckt über Nacht kühl stellen. Den Essig mit Wasser gut durchkochen und die gesalzenen Kürbisstücke darin nach und nach 1 min aufkochen, mit dem Schaumlöffel herausnehmen und abtropfen lassen. Den Kürbis dann im Wechsel mit Meerrettichscheiben, einigen zerkleinerten Dilldolden, den kleinen ganzen oder halbierten Zwiebeln und den Senfkörnern in einen Steintopf schichten. Das Essigwasser nochmals mit dem Zucker gut durchkochen, abkühlen lassen und über den Kürbis gießen. (Er muß mit Essig bedeckt sein.) Den Steintopf mit Einmachfolie zubinden, kühl, trocken und dunkel lagern. *(87b)*

Pflaumen, eingelegt in Essig

Je 1 kg Pflaumen, 500 g Zucker, 50 ml Essig, Nelken und Zimt nach Geschmack

Die Pflaumen waschen und ganz oder halbiert in einen Steintopf füllen. Zucker, Essig und die Gewürze mit etwas Wasser kochen und die Lösung noch heiß über die Pflaumen gießen. Nach zwei Tagen und nach 10 Tagen die Lösung nochmals abgießen, aufkochen lassen und wieder zusetzen. (Die Früchte müssen mit Aufgußflüssigkeit bedeckt sein.) Den Steintopf danach sofort mit Pergamentpapier oder Einmachfolie verschließen und kühl aufbewahren. *(87a)*

Rumtopf

Je 1 kg Früchte 1 kg feinen klaren Zucker und 0,25 … 0,5 l Rum verwenden.

Der Rumtopf bietet die Möglichkeit, edles, frisches Obst ohne Dünsten oder Einkochen haltbar zu machen, wodurch Geruchs- und Geschmacksstoffe weitgehend erhalten bleiben. Der verwendete Zucker unterstützt die konservierende Wirkung des Alkohols, indem er das Wachstum schädigender Mikroorganismen unterbindet.
Rumfrüchte sind nicht für Kinder geeignet. Sie stellen als Kompott oder Torten- und Kuchenbelag etwas Besonderes dar und sind eine appetitanregende Erfrischung. Man verwende nur besten Alkohol und bevorzuge Rum und Arrak. Aber auch Gin und Wodka - allerdings ohne Zusatz von Aromen - sind möglich. Für eine ausreichende Haltbarkeit muß die Alkoholkonzentration im Rumtopf mindestens 16 % betragen.
Die Früchte sollen fest, reif und sauber sein und möglichst nicht gewaschen werden. Man verwendet Erdbeeren, Himbeeren, rote und schwarze Johannisbeeren, Stachelbeeren, entsteinte Sauerkirschen, Pfirsiche und Aprikosen, entsteinte und halbierte Pflaumen, geschält und ungeschält.
Das Füllen des Rumtopfs beginnt mit den Erdbeeren, die in einen Steintopf gegeben und lagenweise mit Zucker bestreut werden. Darüber gießt man den Rum. Der Topf wird mit einem Deckel verschlossen oder mit Pergamentpapier abgedeckt, zugebunden und kühl aufbewahrt, bis die nächste Frucht an die Reihe kommt. Die folgenden Früchte werden ebenso aufeinandergeschichtet, wobei zu beachten ist, daß der Saft immer

Rumtopf
Dresden, Elbbrücke
Rum
Guckuk.

etwas über den Früchten steht. Ist der Topf voll und die letzte Frucht hineingegeben, läßt man ihn etwa 14 Tage stehen, rührt mit einem Holzlöffel vorsichtig um, verschließt durch Zubinden und bewahrt den Rumtopf weiterhin kühl auf. *(87a)*

Getränke

Wo nähmr nu – un das is schwär –
zum Ässn de Gedrängge här?
De Limobiggsn machng Ärscher
dr Umwälld un däm bravn Bärscher.
's schmäggd alles gleich, wohin mr guggng,
un Zugger mr zuviel midd schluggng.
Da scheind's eem wärglich wie e Wunder,
wenn eenor Saffd machd aus Holunder
un ausm säggsschn Biere dann
– galld oder heeß – was mannschn gann!

Eierlikör

4 Eier, 6 Eigelb, 1/4 l Kaffeesahne, 400 g Puderzucker, 1 Päckchen Vanillinzucker, 170 ml hochprozentiger Alkohol (Primasprit)

Die 4 ganzen Eier und die 6 Eigelb in der Küchenmaschine oder mit dem Handrührgerät schlagen.
Alle weiteren Zutaten nach und nach zugeben, das Gerät angeschaltet lassen und das Schlagen nicht unterbrechen. Langsam die Kaffesahne zugießen und danach den Puderzucker mit einem Eßlöffel einfüllen. Vanillinzucker zugeben und zum Schluß sehr langsam den Alkohol hinzufügen.
Alles gut mixen und in Flaschen füllen. *(76, 80)*

Eierpunsch

1/2 l Arrak, 1/2 l Weißwein, 1/2 l Wasser, 1 Pfund Zucker, 10 Eier, 4 Zitronen

Alle Zutaten in einen großen Topf geben und auf dem Herd so lange schlagen, bis es schäumt.
Punsch in Gläser geben und heiß trinken. *(82)*

Bierbowle

1 kg Sauerkirschkompott, 125 g Zucker, 1/8 l Weinbrand, 4 Flaschen Pilsner

Das Kompott mit Zucker und Weinbrand ansetzen und durchziehen lassen. Vor dem Servieren das Bier zugeben. *(58)*

Bierkaltschale

1,5 l Bier (Bauer-Pils), 125 g Zucker, Saft einer Zitrone, 1 Prise Zimt, 0,3 l Mineralwasser, 1 Glas Weißwein

Das Bier mit Zucker, Zitronensaft und Zimt vermischen. Je nach Geschmack Mineralwasser oder Weißwein zugeben. *(93)*

Warmbier

1/4 l Milch, 1 Stück Zimt, 20 g Mehl, 1 Prise Salz, bis 50 g Zucker, 1 Eigelb, 3/4 l Bier

Die Milch zusammen mit dem Zimt zum Kochen bringen und mit dem kalt angerührten Mehl andicken. Mit Salz und Zucker abschmecken und mit dem Eigelb legieren. Dann das Bier zugießen. Entweder warm oder kalt mit einer Buttersemmel servieren. *(59)*

Warmbier mit Rum

Warmbier mit Rum

3 Eigelb, je 1 Likörglas Rum und Wacholder, 1 Messerspitze gemahlener Ingwer, 1/2 l helles Bier

Alle Zutaten, bis auf das Bier, miteinander verrühren, dann in das stark erhitzte, aber nicht kochende Bier geben und servieren. *(10)*

Bierpunsch

1 l Bier (Bauer-Hell), 150 g Zucker, 1 Prise Zimt, 4 Eier, 100 ml Rum

Das Bier zusammen mit Zucker und Zimt erhitzen, aber nicht kochen. Anschließend auf Trinktemperatur abkühlen, die schaumig geschlagenen Eier unterziehen, den Rum zufügen und kredenzen. *(93)*

Holunderlikör

2 kg Holunderbeeren, 2 l Wasser, 1 kg Zucker, 2 Päckchen Vanillinzucker, 1/2 l oder etwas mehr Sprit

Die gut gewaschenen Holunderbeeren von den Stielen streifen (am besten mit einer Gabel) und mit dem Wasser eine Stunde kochen.
Dann durch ein Sieb gießen und den Saft mit dem Zucker und dem Vanillinzucker 1/2 h aufkochen lassen.
Nach dem Erkalten den Sprit zugießen, gut umrühren und auf Flaschen füllen sowie anschließend gut verschließen. *(41)*

Holundersaft

14 l Wasser, 1,5 kg Zucker, 14 Holunderblüten, 20 Blätter von schwarzer Johannisbeere, 40 g Weinstein - oder Zitronensäure

Wasser und Zucker zum Kochen bringen, die restlichen Zutaten dazugeben. Alles 15 min ziehen lassen, durch ein Seihtuch geben, in Flaschen füllen und sofort verschließen.
Für diesen Saft werden nicht - wie sonst bei Holunderrezepten üblich - die reifen Beeren, sondern die frisch aufgeblühten Blüten verwendet, die ein ganz besonders herb-süßes Aroma haben, das sich zum Durststillen hervorragend eignet (allerdings Kinder nicht unbedingt in jedem Fall begeistert).
Da die Holunderblüten im Juni gepflückt werden und sich der Saft einige Wochen hält, hat man den ganzen Sommer über eine reichliche Getränkereserve bereit. *(76)*

Ratschläge zur Vollwertkost

In dr heitichn Ernährung
erläbd mr manche Bescherung.
Besser gochde de Großmudder –
nahm schdadd Margarine Budder,
dahd nischd midd Schämie (Chemie) vermurgsn
un äs Essn so vergorgsn!
In de Däbbe (Töpfe) gahms Gemiese
so, wie's griente off dr Wiese
glei beim „Regschonalanbieder".
(Wie mors heit endäggd nu wieder!)
Gee Dransbord von driem („drüben") gahm nieber –
Eeschne Milch, die drank mr lieber.
In dn Mehl war noch mehr drin –
volles Gorn – das gibdn Sinn!
Sießischgeed ersetztn Frichde.
(Schlechte Zähne geener grichde!)
Nu duhd eich besinn', ihr Leide:
Vollwerdgossd is gut – ooch heide!

Für den, der Wert auf „Sächsische Küche" mit original Großmutters Zutaten legt, sollen hier noch einige Tips zur vollwertigen Ernährung folgen, die ganz im Sinne unserer Großmütter und Urgroßmütter sind.
Zu deren Zeiten gab es folgende natürliche Regeln und vernünftige Grundsätze bei der Zusammenstellung und Zubereitung des Essens, die es wert sind, heute neu überdacht und angewandt zu werden:

- Produkte werden aus der eigenen Region bezogen bzw. selbst angebaut. Das spart lange Transportwege und damit heutzutage Verkehrsprobleme und Umweltbelastungen. Außerdem fällt weniger Verpackung an.

- Die verwendeten Rohstoffe stammen aus ökologischem Anbau und werden ohne chemische Zusatzstoffe verarbeitet.

- Die Lebensmittel setzt man entsprechend ihrer Saison im Speisenplan ein und verzichtet auf Kopfsalat, frische Gurken, Tomaten und Erdbeeren im Winter, die nach nichts schmecken, weil sie nicht alle Inhaltsstoffe in vollem Umfang enthalten, und die außerdem mit Pflanzenschutzmitteln belastet sind.

- Nach dem Motto: *„Laßt die Nahrung so natürlich wie möglich!"* soll der *volle Wert* der Lebensmittel, das heißt neben den Grundnährstoffen die für die Gesundheit so wichtigen Vitalstoffe (Vitamine, Mineralstoffe, Enzyme, Aroma- und Ballaststoffe, ungesättigte Fettsäuren), erhalten bleiben.

Das heißt: So viel wie möglich roh verzehren!
(Zum Beispiel Rohkostsalat wegen seiner sättigenden Wirkung und der kürzeren Verweildauer im Magen *vor* dem Hauptgericht essen; bei gekochtem Gemüse 1/3 der Menge roh hinzufügen bzw. kurz vor dem Garende zugeben.)

Lebensmittel vitalstoff- und nährstoffschonend zubereiten!
(In wenig Wasser oder Fett garen und kurze Kochzeiten einhalten, damit Inhaltsstoffe nicht zerstört und Lebensmittel nicht zerkocht werden. Schonend zubereitete Kost ist übrigens nicht gleichzusetzen mit dem Begriff „Schonkost". Um die Gesundheit zu erhalten oder zu verbessern, brauchen relativ gesunde Menschen keine Schonkost im Sinne einer Diät, denn die Verdauungsorgane sollen ja belastungsfähig bleiben und arbeiten.)

Getreideprodukte aus vollem Korn verwenden!
(Frisch gemahlenes Getreide sowie Brot und Backwaren aus dem vollen Getreidekorn verzehren. Wertvolle Vitamine, Mineralstoffe und die für die Verdauung wichtigen Ballaststoffe gehen sonst verloren.)

Keine isolierten Kohlenhydrate zu sich nehmen!
(Statt isoliertem Zucker – raffiniertem Weißzucker, Traubenzucker, Fruchtzucker, Milchzucker – mit Honig, süßen Früchten oder Obstdicksäften süßen. Auszugsmehl und Produkte daraus meiden.)

Kalt gepreßte, unraffinierte bzw. ungehärtete Fette verwenden!
(Bei der Herstellung gehärteter Fette und raffinierter Öle gehen durch Hitzeeinwirkung wichtige Inhaltsstoffe, z.B. fettlösliche Vitamine, verloren bzw. werden zusätzlich Chemikalien eingebracht.)

Auf ein ausgewogenes Verhältnis von tierischen und pflanzlichen Fetten achten!
(Butter ist ein wichtiger Lieferant lebenswichtiger Vitamine und Mineralstoffe und kann deshalb nicht durch Margarine ersetzt werden.)

Dem pflanzlichen Eiweiß mehr Gewicht im Ernährungsplan einräumen.
(Mehr vollwertiges Getreide, z.B. ungeschälten Reis, Dinkel, Weizen und Produkte hieraus, sowie Gemüse, Hülsenfrüchte und Obst zu sich nehmen.)

Mit Küchenkräutern würzen, maßvoll salzen.
(Das bereits in den Lebensmitteln enthaltene Salz beachten. Außerdem verlangt das Würzen so viel mehr Phantasie und erschließt neue Geschmackswelten.)

Dabei kommt es nicht auf eine Überbetonung einzelner Lebensmittel an. Sogenannte „gesunde" Lebensmittel an sich gibt es nicht – diese Proklamation wird meist von Lebensmittelherstellern gelenkt. (Daß sich z.B. nur gesund ernährt, wer fettarm ißt, trifft nicht für jeden, sondern nur für übergewichtige Menschen zu.
Tip: Alles, wofür Reklame gemacht wird, mit Vorsicht genießen!) Einseitige Kost kann nicht gesundheitsfördernd sein. Der goldene Mittelweg liegt bei einer ausgewogenen Mischkost mit hohem Gemüse-, Obst- und Getreideanteil unter Ausnutzung des vollen Wertes unserer Lebensmittel.

Vielleicht wenden sich nun auch diejenigen der Vollwertkost zu, denen es bisher nur so vor Körnern zwischen den Zähnen knirschte, wenn sie den Begriff hörten, und die Vollwertkost nur mit Müsli oder fleischloser Kost gleichsetzten.
Vollwertkost ist einfach die Rückkehr zu ursprünglichem Eßverhalten und ein Schritt weg von den negativen Auswirkungen der Zivilisation auf unsere Ernährung.

Wenn man nun in diesem Sinne die Rezepte aus diesem Buch variiert, wird man feststellen, daß diese eigentlich gar nicht weit weg von einer Vollwertkost sind, sondern wahrscheinlich nach den heute üblichen Ernährungsgewohnheiten auch erst nachträglich verändert oder mit neueren industriellen Erzeugnissen versehen worden sind.

Leicht handhabbar wird die Sache, wenn einfach verschiedene Zutaten in den jeweiligen Rezepten ausgetauscht werden, zum Beispiel:

statt	*besser*
Margarine	Butter
gehärteter Fette	ungehärtete Fette
raffinierter Öle	kaltgeschlagene Öle (z.B. Sonnenblumenöl)
Auszugsmehl	frisch gemahlenes Getreide
Auszugsmehlprodukten	Brot, Brötchen, Gebäck aus dem ganzen Getreidekorn, Vollkornnudeln
Brot aus Fertigmischung mit chemischen Zusatzstoffen und Kunstsauer	Brot aus frisch gemahlenem Getreide, Natursauer, Salz und Wasser
Speisestärke, Soßenpulver, Puddingpulver	Vollkornreis oder Hirse, fein gemahlen
Tortenguß und Gelatine	Agar-Agar (aus Meeresalgen)
Fleischbrühe mit Zusatzstoffen	Gemüsebrühe ohne Zusatzstoffe oder selbstgemacht
Jod- oder Fluorsalz	Vollmeersalz ohne nachträglichen Zusatz von Jod und Fluor (in Bioläden und Reformhäusern erhältlich)
viel Salz	frische Kräuter
Industriezucker	Honig (z.B. Akazienhonig) und getrocknete Früchte

Es erübrigt sich zu sagen, daß es in Großmutters Küche weder radioaktiv bestrahlte noch genmanipulierte Produkte gab.
Als Ergänzung für die Arbeitsmittel in der Vollwertküche empfiehlt sich eine Getreidemühle oder ein entsprechender Aufsatz für die Küchenmaschine.

„Sächsische Küche" mit Großmutters Zutaten schmeckt durch mehr natürliche Aromastoffe besser, sättigt anhaltend, ist für die Gesundheit optimal und insgesamt billiger, weil es zu der Zeit nicht so oft und so viel Fleisch gab (was heute die Hälfte der Kosten ausmacht).

Nun sollen noch einige Beispiele folgen, wie die Rezepte aus diesem Buch vollwertig zubereitet werden können. Auf Lieblingsspeisen braucht dabei keiner zu verzichten, auch Liebhaber von Süßspeisen kommen auf ihre Kosten.

Sächsischer Pudding

1. Beispiel

Sächsischer Pudding (S. 165)

100 g Akazienhonig, 1 Prise Bourbonvanille, 1 Eßl. fein gemahlener Vollkornreis, 1 knapper Teel. Agar-Agar, 3 Eigelb, 3 Eiklar mit 1 Prise Vollmeersalz, 1/4 l Vorzugsmilch oder Milch direkt vom Bauernhof, 120 g gehackte oder grob gemixte, leicht geröstete Mandeln

Folgende Zutaten werden ausgetauscht:
statt 150 g Zucker 100 g geschmacksneutraler Akazienhonig (*Faustregel:* Wegen der höheren Süßkraft vom Honig immer 1/3 der Menge weniger als vom Zucker nehmen!),
statt Vanillinzucker echte Bourbonvanille,
statt Mehl fein gemahlener Vollkornreis,
statt Gelatine (aus Tierknochen hergestellt, auf der Basis von tierischem Eiweiß) Agar-Agar (aus Meeresalgen, ohne Zusatzstoffe und weitgehend nährstoffarm, reich an dem Spurenelement Jod)
(*Faustregel:* 1 Teel. Agar-Agar auf 1/2 l Flüssigkeit oder 500 g Früchte)

Pudding
Honig, Bourbonvanille, Vollkornreis und Agar-Agar verrühren, Milch dazugeben und unter Rühren bei geringer Hitze alles 3 min köcheln lassen.
Geröstete Mandeln – bis auf 2 Eßl. – und den mit Salz fest geschlagenen Eischnee unterheben. Schüssel oder Form mit Wasser ausspülen und mit den restlichen Mandeln ausstreuen. Pudding einfüllen und kalt stellen.

70 g Akazienhonig, 1/8 l süße Sahne, 1/4 l Wasser, 1 Eßl. fein gemahlener Vollkornreis, 1 Eßl. Kakao

Soße
Honig mit gemahlenem Vollkornreis verrühren. Sahne und Wasser dazugeben und bei geringer Hitze unter Rühren etwa 3 min köcheln lassen. Zum Schluß Kakao unterheben.

Übrigens kann man auf diese Art viele vollwertige Soßen herstellen: Honig weglassen, statt Wasser Gemüsebrühe dazugeben und dann nach Herzenslust variieren,
z.B. wird daraus mit zerkleinerten Tomaten oder Tomatenmark, Oregano, Kräutersalz, Knoblauch und Rosenpaprika eine leckere Tomatensoße oder mit Zusatz von Senf, Meerrettich oder Käse eine pikante Soße zu allerlei Gerichten.
Diese Soßen tragen wegen ihrer Vollwertigkeit zur gesunden Ernährung bei und machen im Gegensatz zu Soßen mit isolierten Kohlenhydraten *nicht dick.*

2. Beispiel

Pikante Soße (S. 182)

1/4 l Dickmilch, 1/2 Teel. Akazienhonig, 1 Teel. Senf, 1 Teel. Gemüse-Hefe-Brühe (Reformhaus), 3 bis 4 Eßl. kalt geschlagenes Sonnenblumenöl, evtl. Kräutersalz und etwas Zitronensaft

Senf, Honig und Gemüse-Hefe-Brühe mit Sonnenblumenöl vermischen. Dickmilch und nach Geschmack Kräutersalz und Zitronensaft dazugeben. Diese Soße ist leicht verdaulich und hilft „Pfunde sparen". Sie ist ideal für Frischkostsalate aus rohem Gemüse, wie Endivien, Chicorée, rohen geraspelten Möhren, Roter Bete und vielen Kohlarten.
Ein Tip zur Arbeitserleichtung: Die Soße kann für mehrere Tage im voraus zubereitet werden, sie hält sich gut im Kühlschrank.
Und noch ein Tip: Der Frischkostsalat sollte immer vor dem erhitzten, kompakten Hauptgericht gegessen und gut gekaut werden. So werden die wertvollen Inhaltsstoffe vom Körper besser verwertet, und das Sättigungsgefühl tritt schneller ein.

3. Beispiel

Hausgemachte Nudeln mit Huhn (S. 35)

275 g fein gemahlener Dinkel, 2 Eier, 1 Teel. Vollmeersalz, 1 Teel. kalt geschlagenes Sonnenblumenöl, evtl. etwas Wasser

Nudeln
Die Zubereitung erfolgt wie im Rezept angegeben. Das Mehl wird hier durch fein gemahlenen Dinkel ersetzt (etwas mehr als beim Mehl nehmen), und man sollte auf die Verwendung von Vollmeersalz achten. Dinkel ist, ähnlich dem Weizen, für gesunde Ernährung von großer Bedeutung und eignet sich ausgezeichnet für feine Vollwertgebäcke. Übrigens: Grünkern ist auch Dinkel, der jedoch in unreifem Zustand geröstet wurde.

4. Beispiel

6-Löffel-Teig (S. 180)

6 Eßl. fein gemahlener Dinkel, 6 Teel. Akazienhonig, 6 Eßl. kalt geschlagenes Sonnenblumenöl, 3 Eier, 1/2 Päckchen Weinsteinbackpulver (Reformhaus), 1 Prise Vollmeersalz, etwas Butter und Sesam für die Backform

Wenn es schnell gehen soll: Alle Zutaten verrühren, Form mit Butter bestreichen, Sesam darüberstreuen und mit Teig füllen. Etwa 20 min bei Mittelhitze backen.
Sehr fein wird der 6-Löffel-Teig bei folgender Zubereitung: Zuerst das Eigelb mit dem Honig kremig schlagen, dann den mit Vollmeersalz steif geschlagenen Eischnee, das mit Weinsteinbackpulver vermischte Dinkelmehl und das Sonnenblumenöl locker unterheben. Weinsteinbackpulver besteht aus Weinstein, Natron und Maisstärke, enthält keine chemischen Zusatzstoffe, ist phosphatfrei, gut verdaulich und gibt dem Gebäck einen feinen Geschmack.

5. Beispiel

Rauchfleisch mit weißen Bohnen, Möhren und Kartoffeln (S. 41)

Zutaten wie im Rezept angegeben, mit folgenden Hinweisen bzw. Änderungen:
Als Fett Butter verwenden, beim Salz auf die Verwendung von Vollmeersalz achten und statt 1 Eßl. Mehl 1 1/2 Eßl. fein geschroteten Dinkel, Weizen oder Vollkornreis nehmen.

Die Zubereitung erfolgt größtenteils wie im Rezept beschrieben. Die Möhren statt zu schälen nur sauber bürsten (mit Gemüsebürste) und mit den Kartoffeln 15...20 min vor dem Anrichten zu den Bohnen geben.
Jetzt Dinkel-, Weizen- oder Reismehl in trockener Pfanne leicht anrösten, mit Gemüseflüssigkeit glattrühren und in Butter hell geröstete Zwiebeln dazugeben. Nur kurz aufkochen, abschmecken und in Würfel geschnittenes Fleisch hinzufügen.

Dieses Rezept wurde bewußt ausgesucht wegen der Mehlschwitze.
Einer, der es wissen mußte, sagte einmal scherzhaft: „Wenn Sie eine reiche Erbtante haben, und die stirbt nicht, dann machen Sie ihr jeden Tag eine Mehlschwitze."
Galle-, Leber-, Magen- und Darmkranke können die Unverträglichkeit von in heißem Fett erhitztem Mehl bestätigen. Warum soll man sich unnötig belasten – außerdem schmeckt die oben beschriebene Art von Mehlschwitzen viel besser.

Diese beispielhaften Rezepte zeigen, wie durch Austausch mit für die Gesundheit notwendigen Zutaten unkomplizierte Genüsse gezaubert werden können.

Gutes Gelingen!

Verzeichnis der Einsender

(1) Hannelore Wätzig, Chemnitz
(2) B. Goth, Lindenthal bei Leipzig
(3) Werner Wende, Wurzen
(4) Annelies Steinbach, Leipzig
(5) Dozent Dr. Klaus Konschak, Zittau
(6) Marina Rusch, Riesa
(7) Manuela Rothe, Dresden
(8) Frank Noll, Niesky
(9) F. Schurig, Nossen
(10) Doris Maier, Coswig bei Dresden
(11) Prof. Dr. habil. Günter Katsch, Leipzig
(12) Christa Mauksch, Eschdorf
(13) Brigitte Tauchnitz, Leipzig
(14) Irina Weißflog, Dresden
(15) Kurt Hempel, Zittau
(16) Undine Schöne, Leipzig
(17) Christa Dzialas, Leipzig
(18) Isolde Gaide, Dresden
(19) Regina Stephan, Wurzen
(20) Roswitha Bock, Drebligar
(21) Rolf-Günther Kirsch, Drebligar
(22) Irmgard Mende, Naunhof
(23) Elke Schmidt, Grimma
(24) Siegfried Marz, Leipzig
(25) Inge Krug, Steinbach bei Borna
(26) Elfriede Klotzsch, Schildau
(27) Hildegard Schmidt, Girbigsdorf
(28) Klaus Herkt, Leipzig
(29) Christa Kockisch, Kalkreuth
(30) Helga Wendler, Dresden
(31) Horst Walter, Dresden
(32) Rüdiger Tittel, Dresden
(33) Dr. Henry Otto, Leipzig
(34) Helga Anders, Leipzig
(35) Astrid Horváth, Leipzig
(36) Hannelore Richter, Borna
(37) Ingrid Schneider, Bautzen
(38) Edith Mieth, Bautzen
(39) Doris Simmank
(40) Renate Stock, Brand-Erbisdorf
(41) Barbara Wähnert, Radeberg
(42) Karin Urbe, Dresden
(43) Gabriele Primpke, Gorschmitz
(44) Wolfgang Fängler, Küchenmeister im Landgasthof Pressel
(45) Ingeburg König, Dresden
(46) Sylvia Naumann, Dresden
(47) Christine Ressel, Bertsdorf
(48) Elke Hoffmann, Bischofswerda
(49) Ursula Wonneberger, Weixdorf (aus: Brupbacher-Bircher, B.: Das Wendepunkt-Kochbuch Nr. 6., 10. Aufl. Zürich/Leipzig/Wien: Wendepunkt-Verlag 1927)
(50) J. Mützl, Großenhain
(51) John, Dresden
(52) Bernd Wagner, Leipzig
(53) K. Teuber, Wurzen
(54) Helmut Jütersonke, Radebeul
(55) Rita Köhler, Rückenhain
(56) Horst Giese, Küchenchef im Hotel Dresden Domizil, Dresden
(57) Annemarie Döring, Nischwitz

(58) Dagmar Dennull, Leipzig
(59) Röger, Dresden
(60) Beate Scholze, Tourismusagentur, Schirgiswalde
(61) Waltraud Riedel, Amt für Wirtschaftsförderung, Gartenbau und Landwirtschaftsschule Plauen
(62) Elisabeth Köhler, Greifenhain
(63) Annelies Kipping, Frauendorf
(64) Rainer Martin, „Sorbisches Café“, Bautzen
(65) Elisabeth Wischoff, Dresden
(66) Christa Neumerkel, Dresden
(67) Helene Weiß, Mühltroff
(68) Ulrike-Maja Zuber, Dresden
(69) Dieter Dornig, Küchenchef im Hotel „Newa“, Dresden
(70) Ina Lewek, Porschendorf
(71) Heidrun Schneider, Dresden
(72) Annelies Krüger, Weixdorf
(73) Ilse Gasch, Dresden
(74) Halgasch, Bautzen
(75) Annelies Weiß, Borna
(76) Margrit Braun, Leipzig
(77) Dr. Georg Triebe †
(78) Steffen Schroth, Berufliches Schulzentrum Chemnitz
(79) Jürgen Kleinert, Küchenchef im „La Mirabelle“, Leipzig
(80) Angelika Weiß, Leipzig
(81) Wolfgang Gretschel, Küchenmeister, Pulsnitz
(82) Sachsenbuch Verlagsgesellschaft mbH Leipzig (aus: Dölle, Chr.: Sächsisches Kochbuch. Leipzig 1991)
(83) Manfred Schönwolf, Inhaber vom „Fischhaus Alberthafen“, Dresden
(84) Ulrich Reinhardt, „Auerbachs Keller“, Leipzig
(85) Ursula Zillmann, Dresden
(85a) Aus: Albrecht, Neues Bürgerliches Kochbuch. Dresden: Verlag von Max Fischer
(85b) Aus: Kalte Gerichte, kalte Getränke – ein Kühlbuch der Elektrolux
(85c) Aus: „Der Heinzelkoch“
(85d) Aus: „Schalten und Walten, Sparen und Bewahren“
(85e) Aus: Scheibler, Allgemeines Deutsches Kochbuch. Leipzig: C. F. Amelangs Verlag 1920
(86) Dr. Erika Fink, Radebeul
(86a) Aus: Neunübel, M., Kleines Kochbuch, 3. Aufl.
(87) Fachbuchverlag Leipzig
(87a) Aus: Donath, Obst und Gemüse selbst verwertet, 4. Aufl. Leipzig 1990
(87b) Aus: Drummer, K., Muskewitz, K., Lanschaftsküche von Thüringen bis Mecklenburg. Sonderausgabe für den Prisma Verlag Gütersloh
(88) Werner Klugmann, Küchenmeister, Cossebaude
(89) Binnenfischerei Wermsdorf

(90) Eberhard Blüthner, Vorstandsmitglied des Internationalen Kochkunstvereins zu Leipzig 1884 e.V., Küchenchef a.D.
(91) Joachim Liepke, „Schützenhof", Leipzig
(92) Klaus Haustein, „Hausteins Gastwirtschaft", Leipzig
(93) Familienbrauerei Ernst Bauer, Leipzig
(94) Frank Navratil, Taschenberg-Palais Kempinski Dresden
(95) Walter Winkler, Mühlheim/Main, ehemals Chemnitz

Die Sprüche auf den Seiten 17, 28, 34, 38, 62, 73, 84, 129, 132, 137, 177 und 186 stammen von Bernd Leon, Leipzig, und sind aus
Leon, B.: Mit schönen Worten kocht man keinen Brei. Berlin: Eulenspiegel Verlag 1988 sowie
Leon, B.: Auch weißer Wein macht rote Nasen. Berlin: Eulenspiegel Verlag 1991
entnommen worden.

Rezeptverzeichnis

(Alle Rezepte sind – falls nicht anders angegeben – für vier Personen berechnet.)